中国的 56处 世界遗产

中国地图出版社 编著

中国地图出版社
·北京·

图书在版编目（CIP）数据

中国的56处世界遗产 / 中国地图出版社编著. -- 北京：中国地图出版社，2023.7
ISBN 978-7-5204-3382-2

Ⅰ.①中… Ⅱ.①中… Ⅲ.①文化遗产－中国 Ⅳ.①K203

中国版本图书馆 CIP 数据核字 (2022) 第 247408 号

策　　划　孙　水
责任编辑　何　慧
编　　辑　梅　换
图片提供　视觉中国

ZHONGGUO DE 56CHU SHIJIE YICHAN
中国的 56 处世界遗产

出版发行	中国地图出版社	邮政编码	100054
社　　址	北京市西城区白纸坊西街3号	网　　址	www.sinomaps.com
电　　话	010-83490076　83495213	经　　销	新华书店
印　　刷	保定市铭泰达印刷有限公司	印　　张	7.5
成品规格	165mm×225mm		
版　　次	2023年7月第1版	印　　次	2023年11月河北第2次印刷
定　　价	29.80元		
书　　号	ISBN 978-7-5204-3382-2		

如有印装质量问题，请与我社联系调换。

★前 言★

　　我国目前有56处世界遗产，包括38处世界文化遗产、14处世界自然遗产和4处世界文化与自然双重遗产。这些世界遗产中，既有绵延万里的长城、壮观的秦始皇陵及兵马俑坑，又有雄阔壮丽的新疆天山、如诗如画的九寨沟，还有巍峨耸立的泰山、瑰丽无比的黄山等。它们不仅是我们国家的宝藏，更是全人类共同的宝贵遗产。

　　本书通过遗产大观、玩转遗产、遗产趣闻等栏目，介绍了中国的56处世界遗产的概况、著名景点以及与世界遗产有关的小故事等内容，同时也插入了大量精美的实景图片，力求全方位、多角度地呈现它们的美丽与神奇。我们希望本书可以让越来越多的小读者知道我国的世界遗产，了解我国的悠久历史和壮美河山！

目录

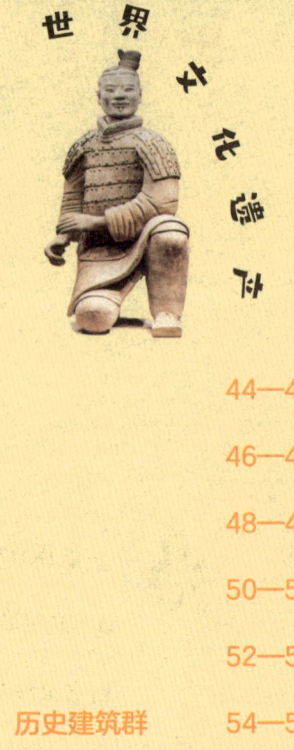

世界文化遗产

明清故宫	2—3
秦始皇陵及兵马俑坑	4—5
莫高窟	6—7
周口店北京人遗址	8—9
长城	10—11
武当山古建筑群	12—13
拉萨布达拉宫历史建筑群	14—15
承德避暑山庄及周围寺庙	16—17
曲阜孔庙、孔林和孔府	18—19
庐山风景名胜区	20—21
平遥古城	22—23
苏州古典园林	24—25
丽江古城	26—27
北京皇家园林——颐和园	28—29
北京皇家祭坛——天坛	30—31
大足石刻	32—33
皖南古村落——西递、宏村	34—35
明清皇家陵寝	36—37
龙门石窟	38—39
青城山—都江堰	40—41
高句丽王城、王陵及贵族墓葬	42—43
澳门历史城区	44—45
殷墟	46—47
开平碉楼与村落	48—49
福建土楼	50—51
五台山	52—53
登封"天地之中"历史建筑群	54—55
杭州西湖文化景观	56—57
元上都遗址	58—59
红河哈尼梯田文化景观	60—61
丝绸之路：长安—天山廊道路网	62—63
大运河	64—65
土司遗址	66—67
云冈石窟	68—69
左江花山岩画人文景观	70—71
鼓浪屿：历史国际社区	72—73
良渚古城遗址	74—75
泉州：宋元中国的世界海洋商贸中心	76—77

黄龙风景名胜区	78—79
九寨沟风景名胜区	80—81
武陵源风景名胜区	82—83
云南三江并流保护区	84—85
梵净山	86—87
四川大熊猫栖息地	88—89
中国南方喀斯特	90—91
三清山	92—93
中国丹霞	94—95
澄江化石遗址	96—97
新疆天山	98—99
湖北神农架	100—101
青海可可西里	102—103
中国黄（渤）海候鸟栖息地（第一期）	104—105

世界自然遗产

世界文化与自然双重遗产

泰山	106—107
黄山	108—109
峨眉山—乐山大佛	110—111
武夷山	112—113

开启中国的世界遗产之旅，你准备好了吗？

本书将带你走进中国的 56 处世界遗产，领略壮美山河，感受灿烂文化！

1 我国有许多历史悠久的帝王宫殿和建筑特色鲜明的民居。

北京皇家园林——颐和园

颐和园将人造景观与自然景观巧妙地融为一体，反映了中国造园艺术的高超水平。

北京皇家园林——颐和园

2 亿万年来，大自然在我国辽阔的疆域上雕琢出了许多奇特的地质、地貌景观。

九寨沟风景名胜区

九寨沟的翠海、叠瀑、彩林、雪峰共同呈现出的梦幻景观如同美丽的童话世界。

黄山

3 我国有众多名山，它们不仅有优美的自然景色，还有着厚重的历史底蕴。

黄山

黄山以其绝美的自然风光享誉世界。同时，它也保存了众多的古建筑、古蹬道、摩崖石刻等，有着深刻的人文内涵。

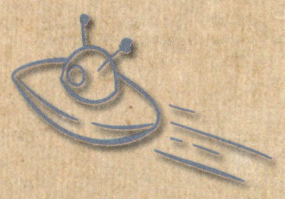

明清故宫

遗产大观

北京故宫，又称紫禁城，位于北京中轴线的中心，始建于1406年，是中国现存规模最大、保存最完整的木质结构古建筑群。整座古建筑群占地面积为70多万平方米，四周环有10多米高的城墙，城墙外有52米宽的护城河。它沿中轴线而建，分为外朝和内廷两部分。沈阳故宫始建于1625年，占地面积为6万多平方米，有114座古代建筑，它是清代初期营建和使用的皇家宫苑。

中国的56处世界遗产

世界文化遗产

玩转遗产

太和殿

太和殿，俗称金銮殿，是北京故宫外朝三大殿之一。其屋顶覆有黄色琉璃瓦，屋脊两端安有高3.4米、重约4300千克的大吻。檐角安放有10个走兽，数量之多是现存古建筑中仅有的。太和殿是北京故宫内体量最大、等级最高的建筑物。

角楼

北京故宫城墙的四角建有四座造型别致的角楼。四座角楼与城墙、城门楼和护城河同属于故宫的防卫设施。角楼在建筑风格上承袭了我国古代木结构建筑灵活多变的特点，充分彰显了我国古代建筑师的高超技能。

保和殿

保和殿是北京故宫外朝三大殿之一。其屋顶覆有黄色琉璃瓦，上下檐角均安放有9个走兽，内外檐均为金龙和玺彩画，整座建筑的装修和陈设偏重丹红色，华贵富丽。明代大典前，皇帝常在此更衣；清代自乾隆年间开始，殿试在此举行。

遗产趣闻

沈阳故宫，又称盛京皇宫，在清代也有陪都宫殿、奉天宫殿等称谓。它有着浓郁的满族风格和中国东北的地方特色。沈阳故宫内有名的建筑有大政殿、崇政殿、十王亭、清宁宫、文溯阁、凤凰楼等。

秦始皇陵及兵马俑坑

遗产大观

秦始皇陵及兵马俑坑位于陕西省西安市临潼区的骊山北麓。秦始皇陵是中国历史上第一个皇帝——秦始皇嬴政的陵墓,而兵马俑坑则是秦始皇陵的大型陪葬坑。秦始皇陵规模十分宏大,陵园总面积为56.25平方千米,其四周分布着大量不同的陪葬坑和墓葬,除我们最为熟知的兵马俑坑外,还有铜车马坑、石铠甲坑、百戏俑坑、珍禽异兽坑、青铜水禽坑等。可以说,秦始皇陵是中国历史上规模最大的帝王陵园。

遗产趣闻

1980年,考古工作者在陵园西侧的一块农田里发现了被誉为"青铜之冠"的两乘彩绘铜车马。这两乘彩绘铜车马结构完整,装饰华美,工艺精湛,按照秦代真人、真车、真马二分之一的比例完美地还原了当时秦始皇御用马车的原貌。车舆内外装饰有精美纹饰,为后人了解和研究古代马车的结构提供了弥足珍贵的资料。

玩转遗产

兵马俑1号坑

兵马俑1号坑是三个兵马俑坑中面积最大的，坑内埋藏陶俑、陶马约6000件，战车40多乘。除此之外，1号坑中还出土了大量青铜兵器。1号坑外观呈拱形，有着非常鲜明的特色。

兵马俑2号坑

兵马俑2号坑的平面呈曲尺形，坑内埋藏陶俑、陶马1300多件，战车80多乘。坑内有由弩兵、步兵、骑兵等多个兵种编列而成的复杂军阵，场面极其壮观。2号坑较1号坑内容更丰富、兵种更齐全，是兵马俑坑中的精华。

兵马俑3号坑

兵马俑3号坑呈凹字形，是三个兵马俑坑中面积最小的。坑内埋藏陶俑、陶马70多件。有人认为，3号坑可能是统率1号坑和2号坑的指挥部。

中国的56处世界遗产　世界文化遗产

玩转遗产

九层楼

九层楼开凿于初唐时期,因其共有九层而得名。它攒尖高耸,檐牙错落,气势不凡,是莫高窟的标志性建筑。九层楼高40多米,依山就势而建,非常壮观。

藏经洞

藏经洞建于晚唐时期,其内部藏有佛教经卷、社会文书、绢画、刺绣、法器等文物5万余件。令人痛心的是,1905—1915年,藏经洞内的大量经卷、文献等流落海外,目前分藏于英、法、俄、日等国。

九色鹿

莫高窟第257窟修建于北魏时期,内部有一幅色彩艳丽的壁画,讲述的是九色鹿王本生的故事。这幅壁画以及窟内的其他壁画是敦煌壁画故事中的经典之作。

莫高窟

〈遗产大观〉

莫高窟，俗称千佛洞，位于甘肃省敦煌市鸣沙山东麓的崖壁上，是世界上规模最庞大、内容最丰富、历史最悠久、保存最完好的佛教艺术宝库。现存有壁画和雕塑作品的共492窟，作品反映了中国5—14世纪的部分社会生活及历代造型艺术的发展情况，是人类文明的宝藏。

〈遗产趣闻〉

莫高窟是集建筑、彩塑、绘画于一体的综合性艺术宝库。洞窟最大的有200多平方米，最小的不足1平方米。彩塑造型丰富，色彩华美，神态生动，大小各异，最高的有30多米，小的仅10余厘米。莫高窟的壁画内容博大深远，沿用以形写神、形神兼备的绘画风格，是中国古代美术史上的光辉篇章。

周口店北京人遗址

遗产大观

周口店北京人遗址位于北京市房山区周口店的龙骨山脚下，是古人类文化遗址。周口店北京人遗址的发掘工作从1927年开始，考古学家在此处发掘出了多种不同时期的各类化石和文化遗物。1929年，中国古人类学家裴文中在龙骨山发掘出第一颗完整的"北京人"头盖骨，从而轰动了世界，这被誉为中国科学家在世界科学园地中摘取的第一块"金牌"。周口店北京人遗址是举世闻名的人类化石宝库和古人类学、考古学、古生物学、地层学、年代学等多学科综合研究基地。

遗产趣闻

在漫长的历史长河中，周口店北京人遗址所在的地方生活着距今70万年—20万年属直立人的北京人，距今20万年—10万年的早期智人和距今约18000年的山顶洞人。这里出土的大量化石、石器等都确立了周口店在古人类发展史和古人类研究史上的重要地位。

> 玩转遗产

第1地点 周口店北京人遗址第1地点，又被称为猿人洞。该洞穴东西长约140米，是在水力作用下形成的天然洞穴。1921年，安特生等人首先发现了该地点。此后，又有许多学者对其进行了发掘。人们在这里发现了北京人用火的遗迹，这一发现把人类用火的历史提前了几十万年。

第2地点 周口店北京人遗址第2地点距离第1地点大约200米。初见时，这里是一个大约2米厚、15米高、呈南北走向的堆积体。后经发掘，这里出土了大量的动物化石，包括仓鼠、中国鬣狗、犀牛、肿骨大角鹿等。

山顶洞遗址 山顶洞遗址分为洞口、上室、下室、下窨4个部分，上室用于居住，下室是公共墓地，下窨在下室最深处，出土过许多动物化石。山顶洞遗址中还出土了一些骨器、石器和装饰品等，装饰品中有石珠、穿孔砾石、兽牙等，表明当时山顶洞人已经掌握了一定程度的制作工艺。

长城

遗产大观

长城是中国也是世界上修建时间最长、工程量最大的一项古代防御工程，自公元前七八世纪开始，延续不断地修筑了2000多年，分布于中国北部和中部的广大土地上，被称为"人类奇迹"。如此浩大的工程不仅在中国极为罕见，在世界上也是绝无仅有的。长城凝聚了中华民族自强不息的奋斗精神和众志成城、坚韧不屈的爱国情怀，已经成为中华民族的代表性符号和中华文明的重要象征。

遗产趣闻

长城上设置有大量的烽火台，这是一种古老而有效的传递军情的设施，通常修筑在高山险峰之地，且台台相连。古代边防一旦发现敌情，士兵会在烽火台白天放烟、夜间燃火以传递军情。这是因为白天阳光很强，火光不容易看到，夜间火光很远就能看到。在古代通信设施不发达的情况下，这种传递军情的办法可以说十分便捷、有效了。

玩转遗产

山海关

山海关位于河北省秦皇岛市,是长城东北端的重要关隘之一,其北依燕山,南连渤海,因此得名山海关。山海关有"天下第一关"的美誉,历来是兵家必争之地。"天下第一关"的巨型匾额悬挂于山海关的东门——镇东楼之上。

嘉峪关位于甘肃省嘉峪关市,是明长城西端的起点,也是明代万里长城沿线保存最完好、规模最宏大的古代军事城堡。它依山而筑,居高凭险,有着"天下第一雄关"的美誉,自古以来就是东西方交通要冲。

嘉峪关

八达岭长城

八达岭长城位于北京市西北部,城墙依山而建,墙上建有垛口、瞭望洞、墙台等。作为古代北京的重要屏障,气势磅礴的八达岭长城绵延于峰峦叠嶂的群山峻岭之中,目之所及不见尽头,"天险"两字当之无愧。

武当山古建筑群

遗产大观

　　武当山,古称太和山,位于湖北省西北部的十堰市,有"亘古无双胜境,天下第一仙山"的美誉。武当山古建筑群从唐代开始兴建,明代达到鼎盛,其规模之大、规制之高、构造之严谨、装饰之精美,在中国建筑中实属罕见。尤其是古建筑群与周围环境的有机结合,达到了与自然的高度和谐与统一,创造了自然美和人文美高度融合的绝美景观。1994年,武当山古建筑群成为世界文化遗产。武当山古建筑群现存有太和宫、南岩宫、紫霄宫、遇真宫四座宫殿,玉虚宫、五龙宫两座宫殿遗址,以及各类庵堂、祠庙等共200余处,占地总面积为100余万平方米。武当山古建筑群中的神像、供器之多在中国现存的道教建筑群中是独一无二的。

遗产趣闻

　　武当山古建筑群中的南岩宫内保留了南岩石殿、皇经堂、龙虎殿、南天门等建筑。其中以南岩石殿最具特色,它是一座坐北朝南的石砌仿木建筑,建于悬崖之上,远远望去,非常壮观。

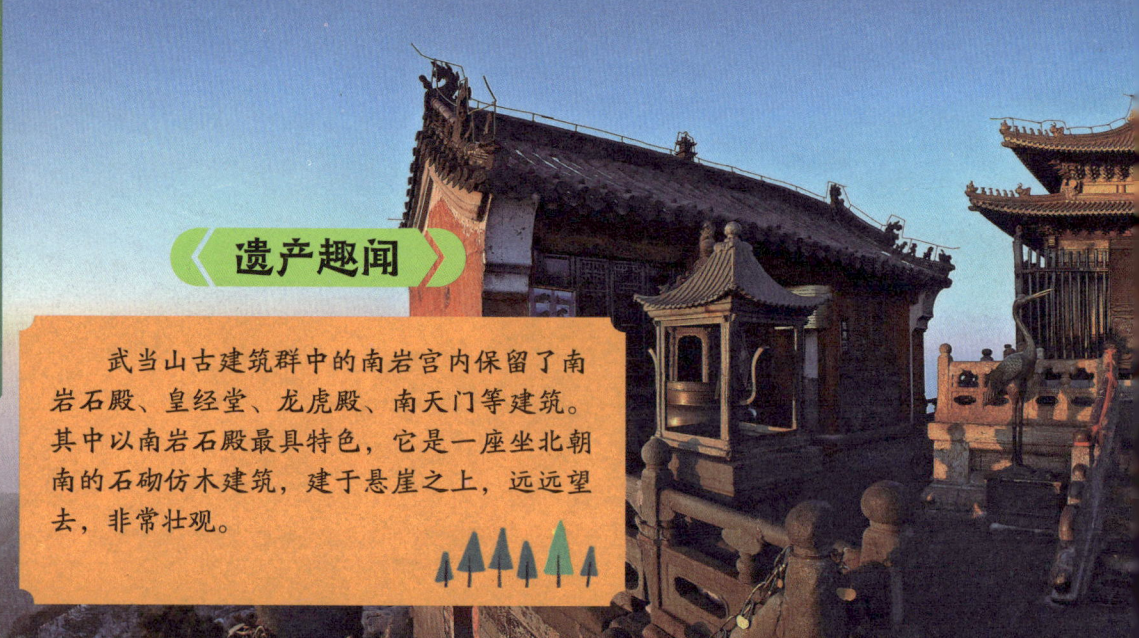

玩转遗产

"治世玄岳"牌坊 "治世玄岳"牌坊，又名玄岳门，位于武当山北麓，建于明嘉靖年间，是古人进入武当山的第一道门户。整个坊身以石雕成，全部用榫卯结构拼合，中间横式牌匾上刻有相传为嘉靖皇帝亲自题写的"治世玄岳"四字。此坊结构简洁均衡，坊身雕刻有仙鹤云游、八仙人物故事等图案，雕工精致细腻，是明代石雕艺术中的珍品。

紫霄宫 紫霄宫位于武当山东南部的展旗峰下，沿中轴线自上而下分别为龙虎殿、碑亭、十方堂、紫霄殿、圣文母殿，两侧配以其他殿宇，由此构成一组殿堂楼宇鳞次栉比、主次分明的三进院落建筑群。宫内主体建筑为紫霄殿，是武当山最具代表性的木结构建筑。

太和宫 太和宫位于武当山主峰天柱峰的南侧，现有建筑20余座，主要由紫金城、古铜殿、金殿等建筑组成。紫金城是一组建在悬崖峭壁上的城墙，环绕于天柱峰的峰顶；古铜殿殿体全部由铜铸构件拼装而成，是中国最早的铜铸木结构建筑；金殿位于天柱峰顶端，经历几百年的风吹雨打，至今仍非常壮观，辉煌如初。

拉萨布达拉宫历史建筑群

遗产大观

　　拉萨布达拉宫历史建筑群位于西藏自治区拉萨市，包括布达拉宫、大昭寺和罗布林卡三部分。布达拉宫始建于7世纪吐蕃王朝松赞干布时期，建筑总面积近14万平方米，宫殿高117.19米，是西藏现存规模最大、最完整的古代藏族宫堡式建筑群。大昭寺修建于7世纪，占地面积约1.3万平方米，是一组融合了诸多建筑风格的佛教建筑群。罗布林卡位于拉萨市西郊，是一座典型的藏式风格园林，园内的新老建筑风格和谐统一又富于变化，金顶辉煌，彩绘绚丽。这三处历史建筑群是西藏大型宫堡、寺庙建筑和园林的杰出代表。

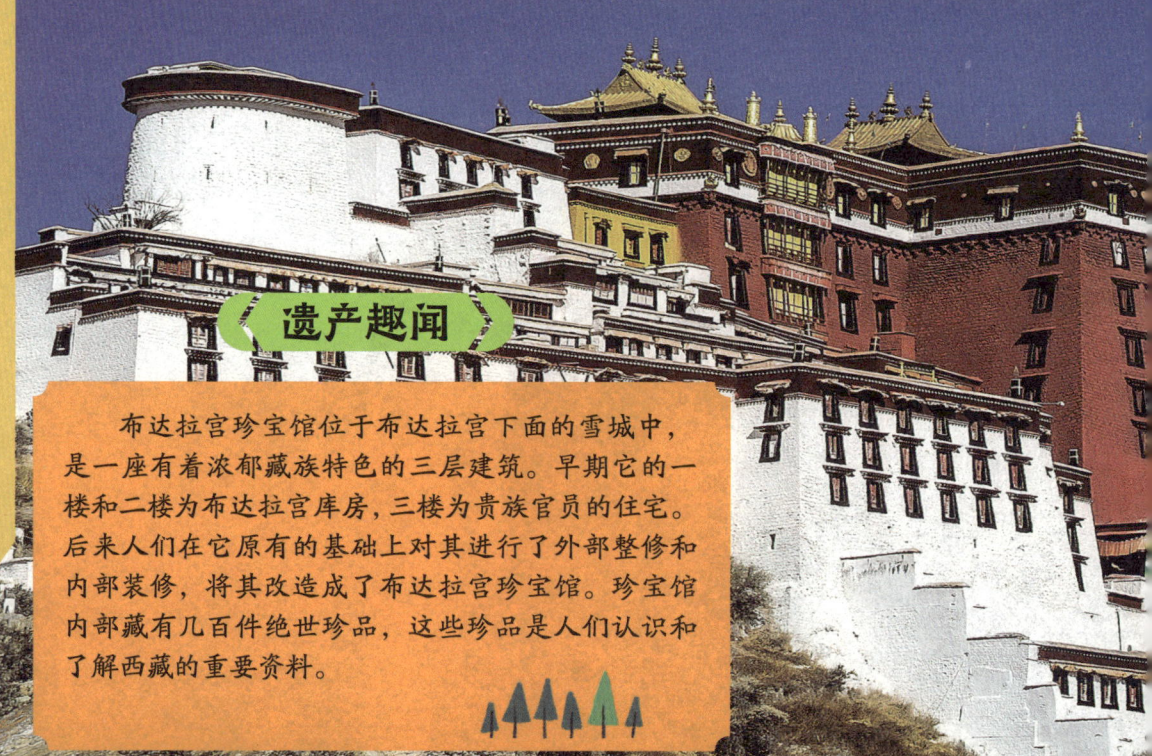

遗产趣闻

　　布达拉宫珍宝馆位于布达拉宫下面的雪城中，是一座有着浓郁藏族特色的三层建筑。早期它的一楼和二楼为布达拉宫库房，三楼为贵族官员的住宅。后来人们在它原有的基础上对其进行了外部整修和内部装修，将其改造成了布达拉宫珍宝馆。珍宝馆内部藏有几百件绝世珍品，这些珍品是人们认识和了解西藏的重要资料。

玩转遗产

布达拉宫

布达拉宫建造在拉萨市海拔3700余米的红山上。它主要由红宫和白宫组成。红宫因其宫墙涂红色而得名，主要为灵塔、佛塔和经堂等建筑。白宫因外墙涂白色而得名，主要用于举行重大庆典活动等。整座建筑群楼层叠叠，大有横空出世之感，是藏族建筑的精华之作，被誉为"高原圣殿"。

大昭寺

大昭寺始建于7世纪，位于拉萨市老城区八廓街，是西藏较为古老的一组木石结合建筑群。大昭寺的佛殿内供奉有文成公主带来的释迦牟尼金像，像高约1.5米，用铜铸成。释迦牟尼金像的形象慈和亲切，造型生动，是极为少见的艺术杰作。佛殿内绘有藏式壁画，题材除佛教故事外，还有历史人物故事等。寺庙前矗立着的唐蕃会盟碑，是汉藏两族人民友好交往的重要历史见证。

罗布林卡

罗布林卡是西藏最具特色的、集园林与宫殿建筑于一体的别墅式园林，它集中体现了藏族人民在园林、建筑、绘画、雕塑等方面的艺术成就。园内植物有百余种，不仅有拉萨常见的植物，还有取自喜马拉雅山脉的奇花异草，以及移植自内地和国外的名贵花卉。因此，罗布林卡也被称为"高原植物园"。

承德避暑山庄及周围寺庙

遗产大观

　　承德避暑山庄，又名"热河行宫""承德离宫"，位于河北省承德市，是清代帝王夏天避暑和处理政务的地方。它始建于清代康熙年间，历经康熙、雍正、乾隆三代，耗时约90年建成。与北京紫禁城相比，承德避暑山庄以朴素淡雅的山村野趣为格调，取自然山水之本色，吸收江南塞北之风光，成为中国现存占地面积最大的古代帝王宫苑。十二座融合了汉藏等民族建筑精华的寺庙环绕在避暑山庄周围，由此构成了一幅气势宏伟、极具皇家风范的华美画卷。

玩转遗产

烟雨楼

烟雨楼位于避暑山庄的青莲岛上，建于乾隆时期，是仿照浙江省嘉兴市南湖的烟雨楼而建的。此楼红柱青瓦，分为上下两层，四面皆有窗户，凭栏远望，四周美景尽收眼底。夏秋时节，湖中荷花竞相开放，湖上烟雾弥漫，更有一番江南水乡之感。

宫殿区

宫殿区位于避暑山庄南部，此处宫殿布局严谨，错落有致，包括正宫、松鹤斋、万壑松风和东宫四组建筑。正宫为主体建筑，是皇帝处理政务、休息和举行典礼的地方；松鹤斋寓意"松鹤延年"，是太后的住所；万壑松风是皇帝批阅奏章和读书的地方；东宫原为皇帝举行宴庆大典的场所，后毁于战火。

普陀宗乘之庙

普陀宗乘之庙，俗称小布达拉宫，建于清代乾隆年间，占地面积22万平方米，规模居于外八庙之首，依山而建，坐北朝南。大红台矗立于山巅，其主殿万法归一殿的金顶用鎏金鱼鳞铜瓦覆盖。整座庙宇宏伟壮观，有着鲜明的藏式风格。

遗产趣闻

清代康熙、乾隆年间，人们在避暑山庄东北部建造了十二座寺庙。因其中有八座由清政府派驻喇嘛，又在京师之外，故被称为外八庙。外八庙的建筑风格融合了汉藏等民族建筑艺术的精华，气势雄伟，与周围山峦、绿树融为一体。十二座寺庙，现存八座，分别为溥仁寺、殊像寺、普陀宗乘之庙、须弥福寿之庙、普宁寺、安远庙、普佑寺和普乐寺。

曲阜孔庙、孔林和孔府

《遗产大观》

山东省曲阜市的孔庙、孔林和孔府，简称曲阜"三孔"。孔庙，是奉祀孔子的庙宇，堪称中国古代大型祠庙建筑的典范。孔府，又称"衍圣公府"，位于孔庙东侧，是孔子直系后裔居住的府邸。孔林，是孔子及其后裔的墓地，碑碣如林，古木参天。曲阜"三孔"凝聚了历代建筑的精华，极具建筑艺术之美。同时，它们在建筑的布局、规划和装饰等方面，也反映出儒家思想的精髓。1994年，曲阜孔庙、孔林和孔府成为世界文化遗产。

《遗产趣闻》

孔子，名丘，字仲尼，春秋时期鲁国人，儒家的创始者，伟大的思想家、政治家和教育家。相传孔子先后有弟子3000人，其中著名的有70余人。自汉以后，孔子开创的儒家学说成为2000多年中华传统文化的主流。《论语》一书是研究孔子学说的主要资料。

玩转遗产

孔庙

孔庙位于曲阜市中心的鼓楼西侧，是在孔子故居的基础上改建的。此后经不断扩建，现存殿堂、坛阁和门坊等460余间，四周有红墙，四角有角楼，形制类似皇宫。孔庙的建筑左右对称、恢宏大气、布局严谨，有一条贯穿南北的中轴线，自南向北的建筑有圣时门、奎文阁、杏坛、大成殿、圣迹殿等。

孔林

孔林，又称至圣林，位于曲阜城北，是孔子及其后裔的墓地，也是目前世界上延续时间最久、规模最大的家族墓地。孔林的神道长达1000米，两边古树参天，夹道侍立。林道尽头为孔林大门"至圣林"木构牌坊。墓园正中大墓为孔子坟冢，墓前碑上刻有"大成至圣文宣王墓"。

孔府

孔府，又称衍圣公府，位于孔庙的东侧，是中国封建社会官衙与内宅合一的典型建筑，有"天下第一人家"的称号。孔府分为前厅、中居和后园。前厅是孔子后人处理公务的场所；中居是孔子后人居住的地方；后园为花园，园内有假山、鱼池、花坞、竹林等，是孔子后人休息、娱乐的场所。

庐山风景名胜区

遗产大观

庐山风景名胜区位于江西省九江市，东依鄱阳湖，北枕长江，素有"匡庐奇秀甲天下"的美誉。庐山地处亚热带季风气候区，雨量丰沛，山上植被茂盛，云雾缭绕，犹如仙境。奇峰怪石、壑谷飞瀑、山泉岩洞形成了庐山奇特瑰丽的山岳景观。庐山自古以来深受文人的青睐，现存有16000多首关于庐山的诗词。传世诗篇和白鹿洞书院等都彰显了庐山深厚的文化底蕴。

中国的56处世界遗产 世界文化遗产

遗产趣闻

庐山吸引了古往今来无数的文人墨客。他们在此留下了许多诗句,比如李白的"飞流直下三千尺,疑是银河落九天",苏轼的"不识庐山真面目,只缘身在此山中",白居易的"人间四月芳菲尽,山寺桃花始盛开"等。这些诗句都让庐山声名远扬。

玩转遗产

三叠泉又名水帘泉、三级泉,因飞瀑流经的峭壁有三级,溪水分三段飞泻而下而得名。三叠泉的景观会随着季节和雨水的多少而变化:暮春初夏时节,飞瀑势如玉龙,直坠而下;而冬季少雨时,它则水帘如丝,轻盈柔美。

五老峰地处庐山东南侧,山顶被垭口分成五座山峰,远远望去如五位席地而坐的老翁,故被称为"五老峰"。五老峰具有雄、险、奇、秀等特点。

白鹿洞书院位于庐山五老峰南麓,有"海内第一书院"的美誉,与岳麓书院、应天书院、石鼓书院并称天下四大书院。它坐落于群山绿树之中,是一组楼阁庭院式古建筑。

平遥古城

中国的56处世界遗产　世界文化遗产

玩转遗产

双林寺

双林寺位于平遥古城西南的桥头村，整座寺庙坐北朝南，建在3米高的土台基上。寺庙由三进院落组成，主要建筑有释迦殿、大雄宝殿等。双林寺被誉为"东方彩塑艺术的宝库"，寺内保存有彩塑造像2000余尊，这些造像大多采用写实的造型手法，贴近百姓生活，易于让人产生亲近感。

镇国寺

镇国寺位于平遥古城以北的郝洞村，始建于五代时期，由两进院落组成。万佛殿是镇国寺的主体建筑，保存了全国罕见的五代时期的建筑风貌。整座殿宇近似正方形，屋顶庞大，屋檐翘起，显示出恢宏的气象。

日升昌票号

日升昌票号创立于清代道光年间，是中国最早的票号。日升昌，即"旭日初升，繁荣昌盛"的意思。在日升昌票号的带动下，平遥的票号业发展迅速，鼎盛时期曾多达22家。

遗产大观

平遥古城位于山西省平遥县境内，是一座有着2000多年历史的小城。它保存了完整的城墙和古城风貌，有3000多处明清时期的院落，是100多年前全国的金融中心。平遥古城内的街道纵横交错，由4条大街、8条小街和72条小巷构成。城内布局严谨周正，街巷排列错落有致。平遥古城有目前保存最完整的古代县城格局，如今还是人们的生活家园，是一座"活着"的古城。

遗产趣闻

平遥古城又被称为"龟城"，从高空向下俯视，它就像一只"神龟"。古城的六座城门分别象征龟的头尾和四肢。南门是龟首，北门是龟尾，东西四座城门是龟的四肢，古城内遍布的大街小巷是龟背上的花纹。这个比喻寄托着平遥人民期望平遥古城坚固长久、人们世代吉祥的美好愿望。

苏州古典园林

中国的56处世界遗产　世界文化遗产

〈遗产大观〉

苏州古典园林位于著名的历史文化名城——江苏省苏州市，这里素来以山水秀丽、园林典雅而闻名天下，有"江南园林甲天下，苏州园林甲江南"的美称。苏州古典园林始建于春秋，发展于唐宋，兴盛于明清。苏州古典园林中以沧浪亭、狮子林、拙政园和留园最为有名，并称为苏州"四大名园"。

遗产趣闻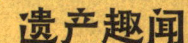

狮子林中最为著名的是它沟壑式的假山群。狮子林假山群三面环水，拔地而出，山体分上、中、下三层，有山洞21个，曲径9条，崖壑曲折，峰回路转，游人行至其间，如入迷宫，妙趣横生。

玩转遗产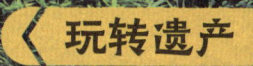

沧浪亭 沧浪亭位于苏州市南部，始建于北宋时期，是苏州现存最古老的一座园林。沧浪亭造园艺术与众不同，园外有清水环绕，园内有一座土山，山上小径曲折盘旋，树木郁郁葱葱，亭子就建于土山之上。沧浪亭中的建筑多围绕土山而建，由一条蜿蜒曲折的复廊连接。其主要建筑有看山楼、翠玲珑馆、仰止亭、五百名贤祠等。

狮子林 狮子林建于元代，位于苏州城内东北部。园中既有亭、台、楼、阁、厅、堂等江南园林特有的景观，又以湖山奇石、洞壑深邃而盛名于世，素有"假山王国"之美誉。乾隆皇帝曾多次游览狮子林，他还在北京圆明园、承德避暑山庄中仿建了两座狮子林。

拙政园 拙政园建于明代，是苏州现存最大的古典园林。园内建筑多临水而建，疏朗有致，贴合自然风貌，具有浓郁的江南水乡特色。拙政园分为东、中、西三部分：东部空间较大，天泉亭、芙蓉榭、秫香馆等坐落其中；中部山清水秀，建有香洲、梧竹幽居、松风水阁等；西部建筑别致，建有留听阁、浮翠阁等。

丽江古城

遗产大观

丽江古城位于云南省丽江市，始建于宋末元初。由于它地处金沙江的江湾，而金沙江古称丽江，由此得名"丽江古城"。丽江古城拥有最古老的城市供水系统，这一系统依山就势、纵横交错。这座高原之上的古城呈现出一派家家淌清泉、户户垂青柳的水乡景观。历史上，丽江古城是南方丝绸之路和茶马古道上的重要通道，至今在古城中依然能体会到藏汉文化、东巴文化的和谐并存。

中国的56处世界遗产 世界文化遗产

遗产趣闻

大石桥，位于丽江古城内四方街东部。因在桥下的河水中常常能看到玉龙雪山的倒影，人们又称它为映雪桥。大石桥桥长10余米，桥宽接近4米，桥面以传统的五花石铺砌而成，坡度平缓，便于两岸人们往来。

玩转遗产

木府　木府曾是古代丽江木氏土司的府衙。它是丽江古城的重要建筑，历经元、明、清三个朝代，殿堂巍峨、布局严谨，既见证了木氏家族的兴衰，也见证了丽江古城的发展。木府的大部分建筑毁于战乱，后又进行了重建。重建后的木府有忠义坊、万卷楼、护法殿等建筑。

黑龙潭明清古建筑群　黑龙潭明清古建筑群位于丽江古城北部的黑龙潭公园内，主要由文明坊、锁翠桥、得月楼、龙神祠、光碧楼、一文亭、五凤楼、解脱林、戏台等组成。它被称为丽江古城明清时期的"建筑博物馆"。

四方街　四方街是丽江古城的"心脏"，周围文物古迹众多。古城以四方街为中心，向东南西北延伸出四条主街。这几条主街又分出众多小巷，从而形成了以四方街为中心，逐渐向外层延伸的、四通八达的道路格局。

北京皇家园林——颐和园

遗产大观

颐和园位于北京市西北郊，占地面积约2.9平方千米。其前身是清代乾隆皇帝改建的清漪园。清漪园于1860年被英法联军焚毁，1888年清政府重建，改名为颐和园。万寿山和昆明湖构成了颐和园的主体框架，园内有一百余处景观，分为政务区、居住区和风景区三部分。颐和园将人造景观与自然景观巧妙地融为一体，反映了中国造园艺术的高超水平。

遗产导览

玩转遗产

佛香阁

佛香阁是颐和园的标志性建筑,建造于万寿山前山中部。它是一座木结构建筑,高约41米,外观呈八面三层四重檐的建筑形态,内部用八根坚硬的大铁梨木支撑。远远望去,佛香阁巍然矗立在昆明湖畔,非常壮观。

长廊

长廊南临昆明湖,北倚万寿山,东起邀月门,西至石丈亭,蜿蜒曲折,宛如一条游弋的长龙。长廊全长728米,共273间,是中国古典园林中最为典型的游廊。长廊间建有四座八角重檐亭,东西各有短廊衔接着两座水榭。长廊的枋梁上绘有14000多幅苏式彩画,所以长廊又被称为"画廊"。

昆明湖

昆明湖的面积占到了全园的四分之三,是颐和园的重要组成部分。湖中的南湖岛、藻鉴堂岛和治镜阁岛鼎足而立,象征着"神山仙岛"。此外,湖区还有西堤六桥、清晏舫、十七孔桥等景观。

遗产趣闻

十七孔桥全长150米,是中国古典园林中较长的石桥,桥上刻有500多只栩栩如生、神态各异的石狮。整座桥体横卧于东堤和南湖岛之间,是人们通往南湖岛的唯一通道。每年冬至前后,落日余晖穿过十七孔桥,形成"金光穿洞"的美丽景象,吸引了众多游人驻足称奇。

北京皇家祭坛——天坛

遗产大观

天坛位于北京市东城区，总面积为 273 万平方米，始建于明永乐十八年（1420 年），是世界上现存最大、最完整的古代皇家祭坛。因为中国古代有"天圆地方"的说法，所以天坛的主要建筑均为圆形以象征"天"。天坛的建筑充分体现了中国古代祭天文化特有的寓意，将中国古代哲学、历史学、数学、力学、美学等思想完美融合。天坛分内外两坛，主要建筑集中于内坛。内坛南部为圜丘坛，北部为祈谷坛，中间由天坛的建筑主轴线——丹陛桥连接。

遗产趣闻

天坛的建筑巧妙地利用了力学、声学、美学等原理，尤其是对声学原理的运用比较典型。三音石就是其中的代表之一。三音石是指皇穹宇殿南面御路上的第三块石板，人站上去击一下掌，可以听见三次回音。这主要是由这块石板所处的位置与声波反射形成的。

中国的 56 处世界遗产　世界文化遗产

玩转遗产

圜丘　圜丘坛是皇帝在冬至举行祭天大典的场所，其中心建筑是圜丘。圜丘为三层圆形石台，由青白石及汉白玉石构建而成。在圜丘的上层台面中心有一块凸起的圆石，人们称之为天心石。当人们站在天心石上讲话的时候，声音会被周围的栏板反射，产生较为明显的共鸣效果，似人与自然在对话。古时皇帝就是通过这种方式来完成"沟通上天""天人对话"，以达到祭拜天地、祈福的目的。

丹陛桥　丹陛桥是天坛的建筑主轴线，长360米，宽30米。其两侧种满了柏树，由南向北逐渐变高。在寓意上，丹陛桥中间是"神路"，供"天帝"用；东边是"御路"，供皇帝用；西边是"王路"，供王公大臣用。

祈年殿　祈年殿分为三层，殿高38米，是天坛的主体建筑。祈年殿中间的4根龙井柱象征一年四季；内层的12根金柱象征一年12个月；外层的12根柱子象征一天12个时辰；24根内外两层柱子象征二十四节气，加上中间的4根龙井柱象征周天二十八星宿；再加上柱顶的8根铜柱，总数为36根，象征三十六天罡。祈年殿造型优美、富丽庄重，是中国古代建筑的优秀典范。

遗产大观

大足石刻位于重庆市大足区，是我国石窟艺术史上的一颗璀璨明珠。大足石刻现存造像5万余尊，以北山石窟、宝顶山石窟、南山石窟、石门山石窟、石篆山石窟的造像最具规模与特色。大足石刻规模宏大、题材多样、雕刻精美，在中国石窟艺术中独树一帜。

玩转遗产

牧牛图

牧牛图位于宝顶山大佛湾，是一组长达27米的石刻连环画。刚开始，牛与牧童拉扯着僵持不下；慢慢地，牧童和牛的关系变得缓和；最后，牛变得温顺服帖。牧牛图中的牧童象征修行者，牛象征人心，缰绳象征清规戒律。牧童驯牛的过程也是修炼心境的过程，修行者最终管住了自己的心，达到了物我两忘的境界。

释迦涅槃圣迹图

释迦涅槃圣迹图位于宝顶山大佛湾。释迦牟尼卧佛半身长达31米，是世界上最大的半身卧佛造像。其造型丰满，神态安详，将神的威严与人的生动相结合，具有很高的历史、艺术和宗教价值。

千手观音造像

千手观音造像位于宝顶山大佛湾山谷南面的崖壁上，最初雕凿于南宋年间，距今已有800多年的历史。该造像以主尊观音像为中心，岩面上雕凿了大约830只手臂。它集雕塑、彩绘、贴金技术于一体，状如孔雀开屏，是全国同类型雕刻题材中的佼佼者。

大足石刻

遗产趣闻

进入21世纪,工作人员发现千手观音造像的很多手指出现了裂纹,有些甚至断了,其所在的岩壁也出现了裂缝,急需修复和保护。所以自2008年起,国内相关专家开始对千手观音造像进行修复。在修复过程中,专家采用了大量的古法工艺,使千手观音造像时隔多年又焕发了往日的光彩。

皖南古村落——西递、宏村

《遗产大观》

皖南古村落的建筑风格遵循中国传统观念，村落选址注重与所在地区的地形、地貌等因素的融合，强调人与自然的和谐。西递、宏村位于安徽省黟县，是皖南民居中最具代表性的两座古村落。这里背倚秀美青山，清流抱村穿户，数百幢明清时期的民居建筑静静矗立。西递、宏村以世外桃源般的田园风光、保存完好的村落形态、工艺精湛的徽派民居和丰富多彩的历史文化而闻名天下。同时，它们也是探索徽商兴衰史的绝佳之地。

《遗产趣闻》

西递、宏村的民居配有狭长的庭院，院门往往设置在较窄的地方。人们进入时要经过长长的庭院才能到达厅堂，这样就充分利用了有限的空间，使庭院在视觉上有变大的效果。庭院内部常常配有石雕盆景、鱼池水榭等，这在一定程度上显示出了民居主人的审美情趣。

玩转遗产

胡文光刺史牌坊

胡文光刺史牌坊位于西递村村口,始建于明万历年间,距今已有400多年的历史。牌坊高12.3米,宽9.95米,为三间四柱五楼单体结构,采用大理石精雕细刻而成。其造型高大庄严,堪称明代徽派石刻的代表。

承志堂

承志堂位于宏村,始建于清咸丰年间,是清末大盐商汪定贵的住宅。整栋建筑为砖木结构,全部房间围绕9个天井分别布置,内部以砖、木、石雕进行装饰,保存较为完整。承志堂的木雕层次繁复,内容丰富,造型生动,具有较高的艺术价值。

南湖书院

南湖书院位于宏村南湖北畔,始建于清代嘉庆年间,是传统的徽派风格书院,由志道堂、文昌阁、会文阁、启蒙阁、望湖楼等部分组成。它外临一湖碧水,环境清幽,文化氛围浓厚,是徽州古书院的代表性建筑之一。

明清皇家陵寝

《遗产大观》

明清皇家陵寝是明清两朝皇帝及其皇室成员的陵墓建筑群，包括江苏南京的明孝陵，北京昌平的明十三陵，湖北钟祥的明显陵，辽宁的清永陵、清福陵、清昭陵，河北遵化的清东陵，河北易县的清西陵。陵寝建筑规模宏大，营建时间近600年，以红、黄为主色。明清皇家陵寝的选址和规划设计充分运用了中国传统的风水理论，将人的精神和自然环境有机结合，着力体现出古代皇权至上的权力观和"天人合一"的宇宙观。

《遗产趣闻》

明清皇家陵寝中的石像生是帝王为了显示自身威仪而设立的。清东陵中的孝陵有18对石像生，每尊石像生均由整块石头雕刻而成。这18对石像生是清代皇家陵寝中规模最大、最具特色的一组。

玩转遗产

明孝陵

明孝陵位于江苏省南京市的钟山南麓，是明朝开国皇帝朱元璋与皇后马氏的陵寝。明孝陵作为中国明陵之首，直接影响了明清两代帝王陵寝的形制，在中国帝陵发展史上有着特殊的地位，因而有"明清皇家第一陵"的美誉。明孝陵中高大精美的神道石刻，代表了中国14世纪晚期石雕艺术的最高水平。

明十三陵位于北京市昌平区天寿山脚下，为明成祖朱棣及其之后12位皇帝的陵寝，是世界上陵墓建筑保存较为完整和埋葬皇帝最多的墓葬群。陵区群山环抱，北有天寿山，东有莽山，西有虎峪山，南有龙山、虎山。十三座陵寝沿山麓散布，既可合为一体，又各成体系。其中，明成祖朱棣的长陵是营建时间最早、规模最大、地面建筑保存最好的陵寝。

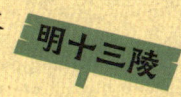
明十三陵

清东陵

清东陵位于河北省遵化市，始建于清顺治年间，是规模宏大、体系完整的皇家陵寝建筑群。这里埋葬了清朝的5位皇帝，分别是顺治帝、康熙帝、乾隆帝、咸丰帝和同治帝。裕陵是乾隆帝的陵寝，其地宫由九券四门构成，进深50多米，从第一道石门开始，所有的平水墙、月光墙、券顶和门楼上都布满了佛教题材的雕刻。这些雕刻线条流畅，造型生动。裕陵的地宫因而有"石雕艺术宝库"和"庄严肃穆的地下佛堂"之誉。

龙门石窟

〈遗产大观〉

龙门石窟开凿于北魏年间,开凿时间前后长达400多年。龙门石窟的2000多个窟龛中,现存佛像近10万尊,题记3600余种,工程浩大,气势恢宏。龙门石窟的雕刻手法圆熟精致,佛像表情生动。龙门石窟与莫高窟、云冈石窟、麦积山石窟并称中国四大石窟。

玩转遗产

奉先寺 奉先寺开凿于唐高宗时期，是龙门石窟中规模最大、最能体现唐代雕刻艺术水平的一组摩崖造像。奉先寺共有九尊大像，中间的主像是卢舍那大佛，佛像高17.14米，面部丰满圆润，头顶发纹呈波状，眉如新月，目光温和，脸含笑意，面容安详，令人敬而不惧。

古阳洞 古阳洞是龙门石窟中开凿时间最早、内容最丰富的一座洞窟。据专家考证，它是北魏孝文帝为其祖母冯太后营造的功德窟。洞窟的正壁为孝文帝时期所造的三尊石像，内窟顶部及其余部位有大大小小、各式各样的佛龛。值得一提的是，古阳洞的这些佛龛大都有"造像铭"，共计800多品。

万佛洞 万佛洞雕凿于唐代，是龙门石窟造像中组合最完整的洞窟，分为前后两室，前室有二力士、二狮子造像，后室有一佛、二弟子、二菩萨、二天王造像，窟顶雕有莲花藻井。洞内主佛是阿弥陀佛，它端坐于莲花座之上，面相丰满圆润，衣服纹理流畅自然。洞内的南北两壁上整齐地雕刻有15000尊小佛像，每尊佛像仅有4厘米高，这也是万佛洞名称的由来。

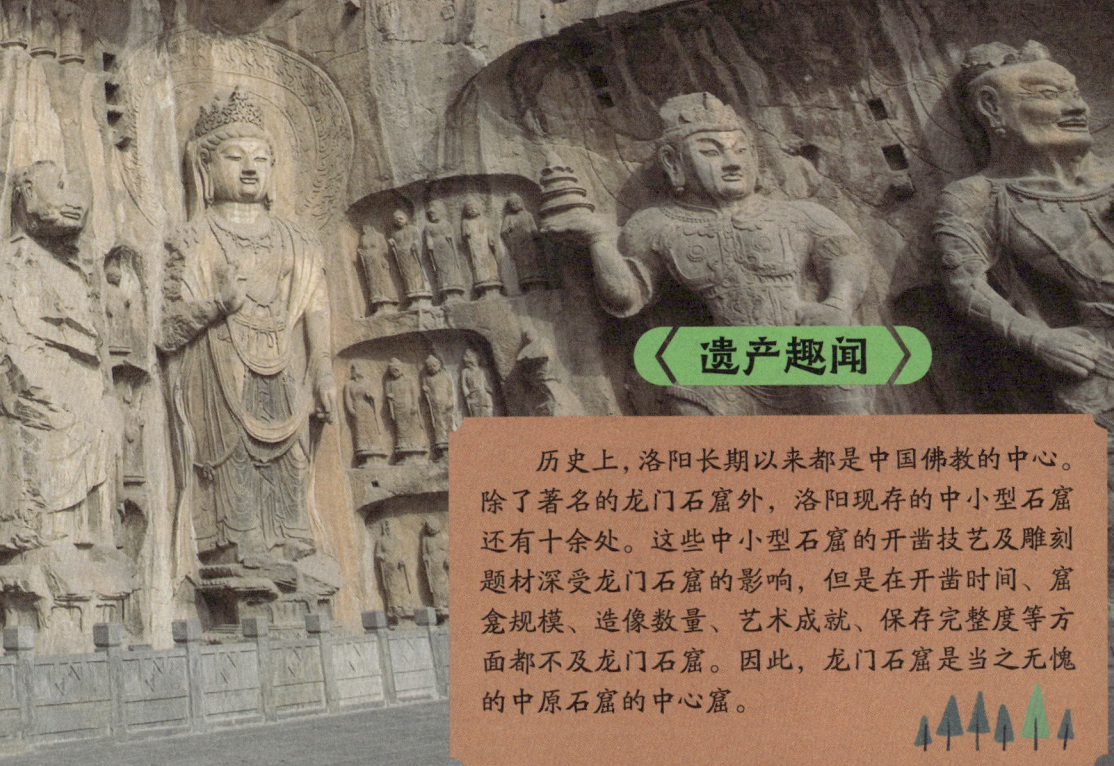

遗产趣闻

历史上，洛阳长期以来都是中国佛教的中心。除了著名的龙门石窟外，洛阳现存的中小型石窟还有十余处。这些中小型石窟的开凿技艺及雕刻题材深受龙门石窟的影响，但是在开凿时间、窟龛规模、造像数量、艺术成就、保存完整度等方面都不及龙门石窟。因此，龙门石窟是当之无愧的中原石窟的中心窟。

青城山—都江堰

遗产大观

青城山位于四川省都江堰市西南，人们自古以"幽"字来概括青城山的特色。青城山的峰峦、溪谷都掩映于繁茂苍翠的林木之中。都江堰位于四川成都平原西部的岷江上，建于公元前3世纪，是战国时期秦国蜀郡守李冰率众修建的一座大型水利工程，距今已有2200多年的历史。"拜水都江堰，问道青城山"，都江堰与青城山成为这片土地上并列的两大标签。

遗产趣闻

1974年3月的一天，工人们在都江堰水利工程的渠首附近发现了一尊长约2.9米的石人像。专家通过刻在石像上的字迹等信息推断出这尊石人像的原型正是历史上的蜀郡守李冰。他在担任蜀郡守期间，为当地百姓做了许多好事，包括治水修桥、开盐井等。人们为了纪念他而雕刻了这尊石人像。

中国的56处世界遗产　世界文化遗产

玩转遗产

天师洞 天师洞是青城山最大的宫观。相传东汉时被奉为天师道的创始人——张道陵曾在此修行,因此人们便把这个地方称为天师洞。其主要建筑有青龙殿、白虎殿、三清大殿、三皇殿等。

建福宫 建福宫位于青城山丈人峰下,始建于唐代,清光绪年间又有所扩建。宫观内的后殿悬挂着一副近400字的著名长联。此外,宫观内还有壁画等文物。建福宫是青城山道教的主要宫观之一。

都江堰 都江堰由分水鱼嘴、飞沙堰和宝瓶口等部分组成。分水鱼嘴位于上游,飞沙堰和宝瓶口在其下游。分水鱼嘴位于岷江江心,它将上游来的江水分为两支:一支流入含沙量大的外江,用于泄洪排沙;另一支流入内江,用于灌溉农田。因其前端的形状好像一条鱼的嘴部,所以被称为"鱼嘴"。飞沙堰位于人字堤与离堆之间,可将过量的江水和泥沙排入外江。宝瓶口是人工凿开的一个口子,因其形状很像瓶口,故名宝瓶口。它能控制内江的进水量,为下游灌区提供灌溉用水。

高句丽王城、王陵及贵族墓葬

遗产大观

高句丽王城、王陵及贵族墓葬分布于吉林省集安市和辽宁省桓仁满族自治县，入选《世界遗产名录》的主要包括五女山城、国内城、丸都山城、12座王陵、26座贵族墓葬、好太王碑和将军坟一号陪冢。在王城中，五女山城是高句丽创建的第一座都城，它的规模宏大，体系完备，保存也比较完整；国内城是为数不多的地表保存有石筑城墙的平原城类型的都城遗址；丸都山城则构思巧妙，规划合理，依山形走势布局，完美地体现了自然与人的融合。在国内城和丸都山城城外，现存有近7000座高句丽时代的王陵及贵族墓葬，它们从不同侧面反映了高句丽的人文和历史发展脉络，是高句丽留给人类的弥足珍贵的文化宝库。

玩转遗产

好太王碑

好太王是高句丽的国王,姓高,名谈德,号永乐大王。他胆识过人,富有谋略,在位时占领了朝鲜半岛大部分地区以及现在的辽宁东部、吉林南部一带。其谥号为"国冈上广开土境平安好太王",世人称其为"广开土王""好太王"。好太王碑位于好太王陵东侧,上面的碑文记述了好太王的生平事迹。

将军坟

将军坟位于吉林省集安市东北部,是一座雄伟的高句丽王陵,整体呈金字塔形,有着"东方金字塔"之称。其底部边长为31.58米,高12.4米,一共有7级。在第5级的中部区域,有早年打开的甬道,可直接通往墓室。

遗产趣闻

在高句丽的贵族墓葬中,不仅有相当数量的陪葬品,还有许多色彩鲜艳的壁画。这些壁画为什么历经多年却依然色彩鲜艳呢?原来是因为这些壁画的绘画材料多是矿物颜料,所以存留的时间较为长久。更令人称奇的是,这些壁画上还镶嵌着美妙绝伦的夜明珠、宝石等。这样的设计在我国的壁画史上是极为罕见的。

澳门历史城区

遗产大观

澳门历史城区是澳门最富魅力和吸引力的地区,主要由22处历史建筑、8处广场空间以及连接历史建筑和广场空间的街道所组成。它以昔日华洋共处的旧城区为核心,有中国最早的一批天主教堂、第一座西式剧院、第一所西式大学和西式医院等。澳门历史城区是东西方美学、文化、建筑和技术交融的历史见证,漫步在这里,就像在穿越历史时空,诗意无处不在。

玩转遗产

大三巴牌坊是圣保禄教堂的遗址。1835年,一场大火烧毁了圣保禄学院及其附属的教堂,幸存的只有教堂的正面前壁、地基的大部分和教堂前面的石阶。因为这个教堂前壁非常像中国传统的牌坊,所以人们又称其为"大三巴牌坊"。中西合璧的建筑外观是它最为出彩的地方。

岗顶剧院原称伯多禄五世剧院,主体部分建于1860年。1873年人们在原有的基础上加建了具有新古典建筑特色的绿色正立面。它是中国第一座西式剧院。

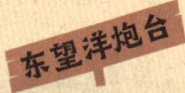
东望洋炮台位于澳门半岛的最高峰——东望洋山的山顶,占据制高点的位置,俯瞰着整个半岛。炮台面积约75平方米,设有哨房、火药库和塔楼等,是澳门八景之一。

遗产趣闻

议事亭前地是澳门的一座广场，北连板樟堂前地，南临新马路，南阔北窄，呈狭长的三角形，为热闹的商业及文化活动区。其最显著的特点是有着南欧风格的、由黑白碎石铺就的波浪形地面。

殷墟

遗产大观

殷墟，位于河南省安阳市小屯村及其周围，是商朝晚期的都城遗址，也是我国历史上第一个有文献可考、并为甲骨文和考古发掘所证实的古代都城遗址，距今已有3000多年的历史。殷墟遗址规模宏大，包括殷墟宫殿宗庙遗址、殷墟王陵遗址和洹北商城遗址等。它被评为"中国20世纪100项考古大发现"之首，因出土大量的甲骨文和青铜器而驰名中外。

遗产趣闻

殷墟车马坑是中国现存最早的车马坑，其中的五个坑各有两匹马随葬，四个坑各有一人随葬。此外，每个坑内都葬有一辆马车，这使我们可以清楚地了解商代马车的大体结构。

中国的56处世界遗产　世界文化遗产

玩转遗产

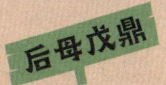

妇好墓是商朝晚期的王室墓葬，位于河南省安阳市小屯村西北。墓内出土了1900多件文物，主要为青铜器和玉器，许多都是前所未见的艺术珍品。妇好墓是殷墟发掘以来唯一保存完整、未经扰动，并且能够将历史文献和甲骨文联系起来、进而推定具体墓主的商代墓葬，对研究商朝晚期的历史有重要的价值。

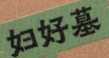

商朝时期，我国已经进入相对发达的青铜时代，这在殷墟出土的青铜器上表现得尤为明显。殷墟出土的青铜器有着坚实厚重的外表和复杂的纹饰，其中最为有名的青铜器就是后母戊鼎。它代表了中国古代青铜文化的最高水平，体现出独特的东方神韵。

甲骨文是我国已发现的最早的、体系较完整的文字，是世界四大古文字之一。目前，专家在殷墟的甲骨文中发现了大约4500个单字，已经识别出的单字约1700个。甲骨文是汉字的"老祖宗"，其后的金文、篆书、隶书、楷书等书体都由它演变而来。

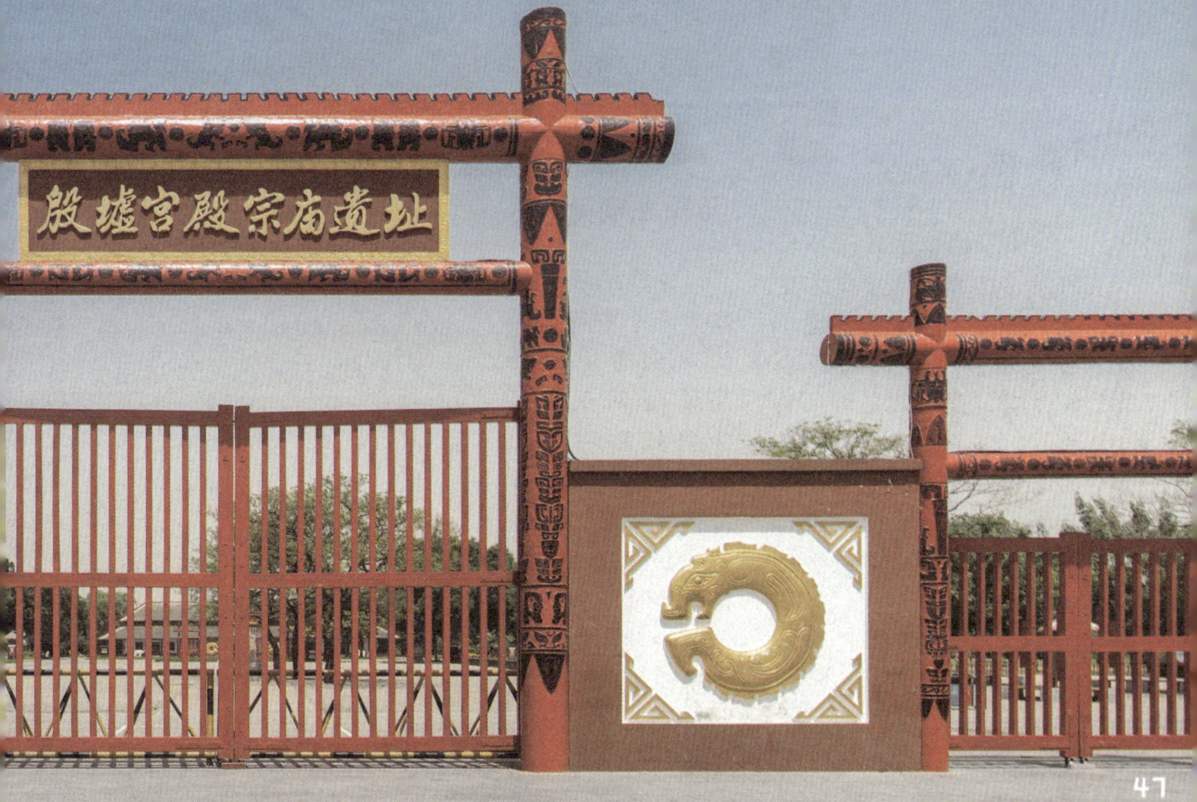

开平碉楼与村落

中国的56处世界遗产　世界文化遗产

遗产大观

开平碉楼与村落位于广东省开平市境内，共包括4个遗产片区：赤坎镇三门里村落、塘口镇自力村村落与方氏灯楼、百合镇马降龙村落群、蚬冈镇锦江里村落。碉楼是集防卫、居住于一体的多层塔楼式建筑。从明朝开始，为了应对猖獗的匪患，人们开始在当地修建这种具有防御性质的碉楼。19世纪末20世纪初，归国华侨在这里又修建了大量融合中西方建筑风格的碉楼。这些碉楼有着重要的审美价值和历史价值。

玩转遗产

瑞石楼

瑞石楼位于开平市蚬冈镇锦江里，是中西方建筑风格完美结合的典型，也是开平现存最高的碉楼，有"开平第一楼"的称号。瑞石楼为钢筋混凝土结构，外部造型呈西式风格，内部的装饰及用具则有着传统的岭南风格。

马降龙碉楼群

马降龙碉楼群位于开平市百合镇的东南部，由13座造型别致、保存完好的碉楼组成。这些碉楼多为2～7层，融合了中西方的建筑风格。楼顶既有中国传统的硬山顶式，又有西方的古堡式和别墅式。

自力村碉楼群

自力村碉楼群位于开平市塘口镇。碉楼的墙体结构有钢筋混凝土和混凝土包青砖两种，所用的建筑材料既有本地出产的青砖，也有从国外进口的铁板、水泥等。碉楼上部结构包括四面悬挑、四角悬挑、正面悬挑和后面悬挑等，其建筑风格和内部装饰等都是当时华侨文化与生活的见证。

遗产趣闻

巴金先生曾在其散文中写道："南国的风物的确有一种迷人的力量。在我的眼里一切都显出一种梦境般的美：那样茂盛的绿树，那样明亮的红土，那一块一块的稻田，那一堆一堆的房屋，还有明镜似的河水，高耸的碉楼……"巴金先生笔下的碉楼与周围的山、水和谐统一，互成一体，用寥寥数语，便写尽了碉楼的绝妙情趣。

玩转遗产

初溪土楼群

初溪土楼群是永定"三群两楼"中的一群,由五座圆楼和数十座方楼组成,包括集庆楼、善庆楼、绳庆楼、庚庆楼、共庆楼等。初溪土楼群的楼名中都带有一个"庆"字,以示人丁兴旺、万事如意。其中的集庆楼已经有600多年的历史,是现存福建土楼中年代最久远的圆土楼。

田螺坑土楼群位于福建省南靖县的梯田之中,由方形的步云楼,圆形的振昌楼、瑞云楼、和昌楼和椭圆形的文昌楼组成。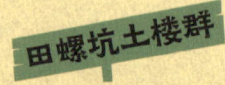**田螺坑土楼群** 它们依山而建,错落有致,被人们戏称为"四菜一汤"。

福建土楼

遗产大观

在福建省的永定和南靖等地,零散分布着很多土楼,它们就着或陡或缓的山势,与周围的梯田融为了一体。土楼由生土筑成,外观呈圆形或者方形等,建造规模较大,适于聚族而居,每座土楼大约可供几百人居住。土楼的形成与历史上中原汉人的几次大迁徙有关。有人曾说"北看长城,南看土楼",土楼以其独特的建筑外观和厚重的人文历史,吸引着四面八方的游客。

遗产趣闻

20世纪60年代,美国中央情报局通过卫星拍摄的照片发现在中国东南地区的崇山峻岭中有数量惊人、规模庞大的类似导弹发射架模样的东西,这在当时可以说是爆炸性的消息。后来美国专家来到福建南靖进行考察,完成考察后公布的调查报告说明了他们之前以为的导弹发射架只是土楼民居。之后,我们的土楼才开始走出南靖,走出国门,走向世界。

五台山

遗产大观

五台山位于山西省忻州市,又称"清凉山""紫府山""灵鹫峰",属太行山脉。其最高处的北台叶斗峰海拔3061.1米,有"华北屋脊"之称。五台山是中国最早修建佛教寺庙的地方之一,著名的寺庙有南山寺、碧山寺、显通寺、塔院寺、菩萨顶、殊像寺等。千百年来,五台山已经形成了深厚的佛教文化底蕴,与峨眉山、普陀山、九华山并称为我国四大佛教名山。

遗产趣闻

五台山的奇峰灵崖随处皆是，写字崖是其中较为有名的一处。人们用水将崖面洒湿以后，拿手帕仔细擦拭，崖面就会显示出类似篆隶体的字迹，水干了之后字迹就会消失。有人曾经除去表面石层，结果下层仍能用手帕擦出字来。据记载，人们曾在这里发现过"天之三宝日月星，地之三宝水火风，人之三宝精气神"的联句。

玩转遗产

塔院寺

塔院寺以五台山的标志——大白塔而得名。大白塔高54.56米，始建于元代。整座塔高大挺拔，气势恢宏，直插云霄。有书籍记载，大白塔里面藏有印度阿育王所造的舍利塔，很多虔诚的佛教徒都会来此朝拜。

显通寺

显通寺的建筑规模宏大，占地面积为8万多平方米。沿中轴线自前向后分别为观音殿、文殊殿、大雄宝殿、无梁殿、千钵文殊殿、铜殿和藏经殿。其中，无梁殿全殿用砖块砌成，没有用一根木头，这在当时是极为少见的。

五台山得名原因

古籍记载："五峰耸出，顶无林木，有如垒土之台，故曰五台。"五台山山体主要为古老结晶岩，北部地区受切割作用影响，有巍巍耸立的五座山峰，每座山峰的峰顶平整如台，分别是东台望海峰、西台挂月峰、南台锦绣峰、北台叶斗峰、中台翠岩峰，故得名五台山。

登封"天地之中"历史建筑群

中国的56处世界遗产　世界文化遗产

《遗产大观》

登封"天地之中"历史建筑群位于河南省登封市,由建于1—20世纪的众多建筑组成,包括启母阙、太室阙、少室阙、嵩岳寺塔、中岳庙、少林寺建筑群(常住院、初祖庵和塔林)、会善寺、嵩阳书院、周公测景台和登封观星台等。这些建筑历经多个朝代而建成,以不同方式展示了"天地之中"的概念。登封"天地之中"历史建筑群有着非常高的历史价值、艺术价值和科学价值。

玩转遗产

登封观星台

登封观星台由元朝的郭守敬创建，被称为中国人的"量天尺"，是中国现存最古老的天文台，也是世界上著名的天文遗迹之一。登封观星台由台身和石圭两部分组成，主要用于测量日影以确定季节。

嵩岳寺塔位于河南省登封市嵩山南麓的嵩岳寺内，建于北魏年间，平面呈十二边形，是我国众多佛塔中的一个孤例。塔高约40米，顶部为塔刹，塔身由15层密檐构成，正面建有4个拱门，其余8面则为壁龛，转角设有倚柱。嵩岳寺塔是我国现存最早的佛塔。

嵩岳寺塔

少林寺

少林寺建于北魏年间，位于河南省登封市北少室山北麓的五乳峰下。少林寺内有许多唐宋以来的石刻、壁画、金属铸器等珍贵文物。寺内僧人常常练习武术，以少林派拳术著称。相传唐朝初年，少林寺十三棍僧曾帮助李世民打赢天下，助其登上皇位。李世民对他们赞赏有加，十三棍僧所在的少林寺也因此获得了"天下第一名刹"的美誉。

遗产趣闻

在3000多年前的西周时期，我国的天文观测就已经达到了相当高的水平。周公姬旦曾在阳城（今登封市告成镇）测量日影，经过日复一日的观测与记录，他发现日影长度每天都不一样，从而发现了季节的变化规律。他把日影最长的那天称为冬至，日影最短的那天称为夏至，一年中日影长度相等的两日定为春分和秋分。后来人们根据这一发现总结出了二十四节气，用以指导农业生产。唐代时人们为了纪念周公姬旦，在其测量日影的地方刻立了一座石表，上面刻有"周公测景台"五个字。

中国的56处世界遗产　世界文化遗产

玩转遗产

雷峰夕照

雷峰塔位于杭州西湖南岸的夕照山上，始建于北宋年间。1924年，雷峰塔因塔脚被挖空而全部倒塌。现在我们看到的雷峰塔是在2002年重建的。夕阳西下之时，绯红的晚霞、轻柔的晚风、荡漾的湖水与远处的雷峰塔共同组成一幅美妙的画面，这就是"雷峰夕照"。

苏轼在杭州做官的时候为了疏浚西湖，将挖出的淤泥筑成了一条浪漫的堤岸，后人将这条堤岸称为苏堤。苏堤南起南屏山麓，北至栖霞岭下，全长大约2800米。苏堤上有6座桥梁，桃柳夹堤，有"六桥烟柳"之称。温暖的春日，行走在这里，迎面吹来习习春风，周围鸟鸣声声入耳，这就是"苏堤春晓"。

苏堤春晓

柳浪闻莺

柳浪闻莺是西湖十景之一，位于西湖东南岸的清波门处，现为占地面积约17公顷的大型公园。全园分友谊园、闻莺园、聚景园和南园四个景区。园内有许多姿态各异的柳树，在柳树之间还有紫楠、雪松、广玉兰、碧桃、海棠、月季等花木，黄莺飞舞于其间，竞相啼鸣。

遗产趣闻

西湖中矗立着的三座石塔，相传为苏轼在杭州做官时所建（现有石塔为明代重建）。三座石塔的塔腹中空，塔身上排列着五个等距离的圆洞。古人会在月圆之夜，在塔中放上点燃的蜡烛，在洞口糊上薄纸，湖面上就会呈现出许多"月亮"，倒映在湖中的真月和假月难以区分，故得名"三潭印月"。

杭州西湖文化景观

遗产大观

　　杭州西湖文化景观位于浙江省杭州市，由西湖自然山水、"三面云山一面城"的城湖空间特征、"两堤三岛"景观格局、"西湖十景"题名景观、西湖文化史迹和西湖特色植物六大要素组成。"西湖十景"为西湖的十处经典景观，即曲院风荷、双峰插云、柳浪闻莺、苏堤春晓、断桥残雪、平湖秋月、雷峰夕照、南屏晚钟、花港观鱼、三潭印月。西湖完美结合了自然美和人文美，是东方审美体系中最具代表性的景观。苏轼的那首诗"水光潋滟晴方好，山色空蒙雨亦奇。欲把西湖比西子，淡妆浓抹总相宜"，把西湖的美写得淋漓尽致。烟雨蒙蒙的江南，水汽与雾气缠绵交织，青黛色的远山与明镜似的湖面相映成趣，景色宜人。

元上都遗址

遗产大观

元上都遗址位于内蒙古自治区锡林郭勒盟的正蓝旗,由城址(含宫城、皇城和外城)、城墙外的关厢和城市防洪渠组成,具体包括城墙、城门、道路、护城河、防洪渠遗迹,以及宫殿、寺庙、民居、仓库等各类建筑基址和墓葬群等。它是13—14世纪游牧文明与农耕文明冲突与融合的见证,在世界文明史和城市规划设计史上留下了浓墨重彩的一笔。

玩转遗产

元上都遗址

元上都始建于1256年,由宫城、皇城、外城和关厢等部分组成,北面环山,南面临水。宫城是全城的核心,有东华门、西华门和御天门三座城门,内部有楼阁、官署等建筑。

元上都遗址博物馆

元上都遗址博物馆位于元上都遗址以南。它采用局部外露的覆土式设计,除了出入口和观景平台外都为地下建筑,与其所在的山体融为一体。馆内展示了元上都的兴建、布局和宫殿建筑遗迹等内容,反映出游牧文明与农耕文明既冲突又高度融合的特点。

遗产趣闻

元上都遗址的城址平面呈方形,边长2200米,从内向外依次为宫城、皇城和外城,宫城和皇城位于外城的东南部。宫城的四角分别建有角楼,城内有大明殿、鸿禧殿、大安阁等基址。皇城环绕宫城排布,道路统一布局,井然有序,分布部分府邸、寺庙等。外城北部为苑囿、寺观及作坊区。城外有市肆、民居等。

红河哈尼梯田文化景观

遗产大观

红河哈尼梯田文化景观位于云南省红河哈尼族彝族自治州的元阳、金平、绿春、红河四县,是西南少数民族创造的特殊形态的农业生态奇观,其核心区域主要有坝达、多依树、老虎嘴三个片区,共计82个村寨。红河哈尼梯田是当地人世世代代改造自然的杰作,人们顺着山势,因地制宜,遇到坡度和缓、面积较大的土地就将其开垦成大田,坡度较陡、面积稍小的则开垦成小田。梯田级数最多处有3700多级,坡度最陡处约45°。红河哈尼梯田是当地人与自然和谐发展的典范,具有很高的文化、生态价值。

遗产趣闻

红河哈尼梯田一年四季会呈现出不同的颜色。这是为什么呢?这主要与农事活动、地形、太阳照射角度等因素有关。初春的时候,梯田会灌满水,在阳光照射下梯田呈蓝色。三四月间,水稻开始生长,这时大地仿佛披上了一条翠绿的毯子。等到夏末秋初稻谷成熟的时候,梯田又会呈金黄色。冬天农闲的时候,梯田里长满了自然生长的红色浮萍,梯田便呈红色。另外,红河哈尼梯田面积广大,各个部分受光程度不同,阳光与梯田中的水相遇,光会发生反射和折射,也会导致不同部位的颜色不同。

玩转遗产

历史溯源

据文献记载,红河哈尼梯田的开垦历史可追溯到唐代。当地人在日常劳作中遵循自然规律,践行了人与自然和谐发展的生态理念。红河哈尼梯田被誉为"伟大的大地雕刻",当地的人们则被誉为"大地雕刻师"。

老虎嘴梯田

老虎嘴梯田是红河哈尼梯田中最具代表性、最壮观的一处,其特点是梯田坡度较陡,立体感强,层次分明。这里的梯田千姿百态,气势磅礴。冬春两季每逢晴朗天气,站在老虎嘴梯田的高处向下看,层层叠叠的梯田如潮似海,隐约有两匹奔腾的骏马在踏歌起舞,非常壮观。此外,老虎嘴梯田的日落景观也非常有名,在夕阳的余晖下,红白黑三色相映,光彩夺目。

最佳拍摄时间

拍摄红河哈尼梯田的最佳时间是每年的11月至次年4月。此时,秋收后的梯田需要灌满水进行保养,这个时候,依山势而建的梯田在阳光的照射下波光粼粼,非常好看。

丝绸之路：
长安—天山廊道路网

《遗产大观》

丝绸之路：长安—天山廊道路网是中国与哈萨克斯坦、吉尔吉斯斯坦跨国联合申报的世界文化遗产。它以汉唐两代的都城长安和洛阳为起点，向西一直延伸到中亚的七河地区，线路跨度近5000千米，沿途包括33处中心城镇遗迹、商贸城市、交通遗迹、宗教遗迹和关联遗迹等。我国境内有22处考古遗址和古建筑，其中，河南省有4处，陕西省有7处，甘肃省有5处，新疆维吾尔自治区有6处。哈萨克斯坦和吉尔吉斯斯坦境内各有8处和3处。在公元前2世纪—公元16世纪的漫长时间里，丝绸之路：长安—天山廊道路网连接了多种文明，促进了沿线地区商贸、宗教、艺术等方面的交流。

遗产趣闻

说起丝绸之路，你脑海里浮现的画面是什么？是驼铃叮当、羌笛悠扬，还是一望无际的沙漠戈壁？西汉时，汉武帝派张骞出使西域，开辟了贯通东西方的贸易通道，因丝绸是其运送的主要大宗货物之一，故称"丝绸之路"。

玩转遗产

玉门关遗址 玉门关遗址位于甘肃省敦煌市西北的戈壁滩上，是古代"丝绸之路"北路的必经之地。在汉朝时，玉门关就是连接中原和西域的交通要道，当时从西域输入中原的玉石都要在这里经过，所以取名玉门关。

麦积山石窟 麦积山石窟位于甘肃省天水市东南部的麦积山，现存洞窟近200个，有各种造像7000余尊，其中1米以上的大约有1000尊。因为麦积山的山石不太适合雕刻，所以造像多为泥塑。造像风格清新秀丽，非常富有生活气息。

大雁塔 大雁塔位于陕西省西安市，是唐朝高僧玄奘为放置从印度取回的经像而修建的。现存的大雁塔共7层，高约65米，是一座正方形楼阁式砖塔，整体造型古朴雄伟，简洁大方。唐朝的时候，中了进士的人都会在大雁塔上题名。

玩转遗产

北京通州　通州区位于北京市东部,是京杭大运河的北起点。元、明、清时期,通州是沿京杭大运河北上的船只进京的必经之路。当运河水量少时,人们会先将货物卸在通州,再转旱路运送至北京。因此,通州逐渐发展成为京杭大运河上的一座重要枢纽。

三岔河口　三岔河口位于天津市区西北部,为子牙河、南运河、北运河的交汇处。在大运河航运兴盛的时候,这里每天都有非常多的船舶来来往往,好不热闹。现在,这里是天津著名的风景区,来此打卡留念的游客络绎不绝。

大运河焕发新生　大运河是历史上的漕运要道,对我国南北方经济文化的交流起到了非常重要的作用。随着南北海运的兴起以及近代铁路的开通,大运河的作用逐渐减弱。如今,大运河成为我国"南水北调"东线工程的重要输水线路和重要的旅游线路。

大运河

遗产趣闻

在江苏扬州的邵伯古镇,有一头长约2米,高1米多,重1500千克左右的镇水铁牛。该铁牛神态逼真,惟妙惟肖,呈蹲伏姿势,两眼炯炯有神,紧盯着不远处的大运河。据记载,清代康熙年间邵伯一带经常发生水灾,皇帝命人用铁铸成了镇水神兽——"九牛二虎一只鸡",将它们分别放置在邵伯及附近最容易决堤的地方。这九头铁牛、两只壁虎、一只雄鸡虽然不能阻止水灾的发生,却能够作为水位测定的标识,为人们起到预警的作用。人们通过观察水位上涨到动物的不同部位来判断水患发生的程度。

遗产大观

大运河从开凿到现在已有2000多年的历史。其航道主要由隋唐大运河、京杭大运河、浙东运河等部分组成,全长2000多千米,贯通了北京、天津、河北、山东、安徽、江苏、河南、浙江等省级行政区域,连通了海河、黄河、淮河、长江、钱塘江五大水系。大运河对我国南北地区之间经济、文化的交流与发展起到了巨大作用,对中国历史产生了深远的影响。

土司遗址

遗产大观

2015年，中国土司遗址成为世界文化遗产。该遗产项目分布于我国南方多民族聚居的湖南、湖北、贵州三省交界的武陵山区，包括湖北唐崖土司城、湖南永顺老司城、贵州遵义海龙屯这三处规模较大、格局完整、遗存丰富且最具价值特征代表性的土司遗址。它们在选址特征、整体布局、功能类型、建筑形式、材料和工艺等方面都展现出当地民族鲜明的文化特色。土司遗址不仅给人们带来艺术美感，也让人们更加了解当时中国少数民族聚居地区的生活状况、生产力水平和管理体系，进而了解多样的中国文化。

玩转遗产

老司城遗址

老司城遗址位于湖南省永顺县,是彭氏土司政权所在地,属于高等级土司治所。遗址分布有祖师殿、土王祠、文昌阁、古牌坊等建筑,包含土司墓葬群、古街道、古城墙、排水系统等遗迹。它是目前国内规模最大、保存最完整、历史最悠久的土司遗址。

海龙屯遗址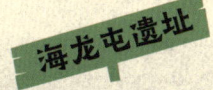

海龙屯遗址位于贵州省遵义市,是古代西南地区杨氏土司文化的重要遗存,现存建筑主要为明万历年间的遗迹。它修建在龙岩山顶,三面环水,一面衔山,地势十分险要。海龙屯由外城和内城构成,建有铜柱关、铁柱关、飞凤关、万安关、飞虎关、飞龙关、朝天关、西关、后关九个关口。各关均以巨石垒砌,建于悬崖之巅,可谓"固若金汤"。

唐崖土司遗址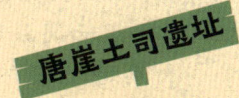

唐崖土司遗址位于湖北省咸丰县,是较为典型的一处土司遗址。现存的城址基本保持了它原有的面貌,"三街十八巷三十六院落"的格局清晰可见。土司城内外有许多石人、石马、石碑坊等大型石雕。

遗产趣闻

土司制度是南宋、元、明、清各朝的统治者在部分少数民族聚居区分封各族首领世袭官职,以统治当地人民的一种制度。民国时期,部分地区仍然存在这种制度。中华人民共和国成立后,这种制度已彻底废除。土司制度的建立,加强了中央政府对地方的管辖,改善了部分少数民族地区社会经济发展不平衡的状况,有利于多民族国家的完整与统一。

玩转遗产

云冈石窟第9窟

云冈石窟第9窟有着明显的中西合璧的艺术风格。其窟门为中国传统的庑殿式建筑,窟内雕刻着众多曲线优美、体态丰满的飞天,有着强烈的古希腊和古印度的造像风格。

昙曜五窟

昙曜五窟开凿于460—465年,是云冈石窟中开凿最早、气魄最宏大的石窟群,由北魏高僧昙曜在皇帝的支持下主持修建。五座石窟的中央都雕刻着巨大的佛像,分别象征着北魏的五位皇帝。昙曜五窟是西域造像艺术东传的代表性作品。

云冈石窟第20窟

云冈石窟第20窟是典型的大像窟,属昙曜五窟的一部分,是云冈石窟中最具代表性的洞窟之一。主佛显露在外,高度接近14米,保存较为完好。主佛的衣纹呈阶梯状排列,线条简洁,呈现出明显的西域造像特色。

中国的56处世界遗产 · 世界文化遗产

云冈石窟

遗产大观

云冈石窟位于山西省大同市的武周山南麓,石窟依山开凿,东西绵延约 1000 米。现存洞窟 53 座,石雕造像 5.1 万余尊,代表了 5—6 世纪中国杰出的佛教石窟艺术成就。它由当时的统治者集中全国的人力、物力所雕凿,造像风格以典型的皇家风范区别于其他的早期石窟。云冈石窟是中国规模最大的古代石窟群之一,是东方石雕艺术的集大成者,与莫高窟、龙门石窟和麦积山石窟并称为中国四大石窟。

遗产趣闻

相传 453 年的一天,风尘仆仆的昙曜高僧正走在大街上,文成帝拓跋濬出巡的车驾迎面而来,导行的御马径直走到昙曜面前,将他的袈裟用嘴衔起。这一动作让文成帝大为震惊,他对眼前的这位高僧刮目相看并尊其为老师。后来,在文成帝的支持下,昙曜率众人开凿了著名的"昙曜五窟",拉开了营造云冈石窟的序幕。

左江花山岩画人文景观

中国的 56 处世界遗产　世界文化遗产

遗产大观

左江花山岩画人文景观分布在广西壮族自治区崇左市境内的左江及其支流明江两岸的崖壁上,其中宁明花山岩画是典型代表。据统计,花山岩画包括 38 处岩画点,共 3800 多个图像,是世界上单体最大、保存最完好的岩画。在 700 多年的时间里,壮族先民骆越人冒着生命危险,连续创作了如此壮观的岩画,充分体现了创作者的智慧。花山岩画对研究壮族古代历史和文化具有重大价值。

遗产趣闻

2008 年,在北京奥运会开幕式上,一幅展现 5000 多年中华文明的巨幅长卷徐徐展开,最先映入眼帘的是一组大气磅礴、神秘莫测的人形图案,这就是花山岩画。花山岩画历经 2000 多年的风雨侵蚀依然鲜活生动,精彩不已。

玩转遗产

花山岩画
花山岩画以众多人形为主,规格统一、布局严整,场景热烈奔放。此外,岩画上还有铜鼓、铜钟、刀剑等器物图形和马、狗、鸟等动物图形。这些图形均用赭红色的颜料绘制而成。有学者认为花山岩画表现的是当时人们举行祭祀活动的场景。

岩画绘制方法
花山岩画距离水面少则十几米,多则上百米。先民是如何在这么高的地方绘制岩画的呢?专家经过多次研究认为,他们很可能是在不同的位置上选用不同的作画法,主要有:浮船法、攀缘法、悬吊法、搭架法等。

花山拳
花山拳是壮族骆越先民在抵御外来侵略和与自然环境进行斗争的过程中形成的一种拳法,是一种有着鲜明左江流域特色的民间艺术形式。其拳法动作古朴,刚劲有力,防身制人都十分有效。

鼓浪屿：历史国际社区

遗产大观

鼓浪屿隶属厦门市，是厦门岛西南部的一座岛屿，其面积为1.84平方千米。鼓浪屿在宋元时期名为圆沙洲，明朝时因岛屿西南部的一座海蚀洞受海浪冲击时声如擂鼓，故改名为鼓浪屿。19世纪中叶，厦门开放为通商口岸，十多个国家在鼓浪屿设立了领事馆，多元文化在这里碰撞交融，这里逐步成为中外交流的重要窗口。鼓浪屿上有众多风格各异的近代建筑群，因此，它被称为"万国建筑的汇集地"。2017年，鼓浪屿：历史国际社区作为世界文化遗产，被正式列入《世界遗产名录》，这座海上花园小岛就这样融合着中西方文化走向世界。鼓浪屿著名的景点有日光岩、皓月园、菽庄花园等。

遗产导览

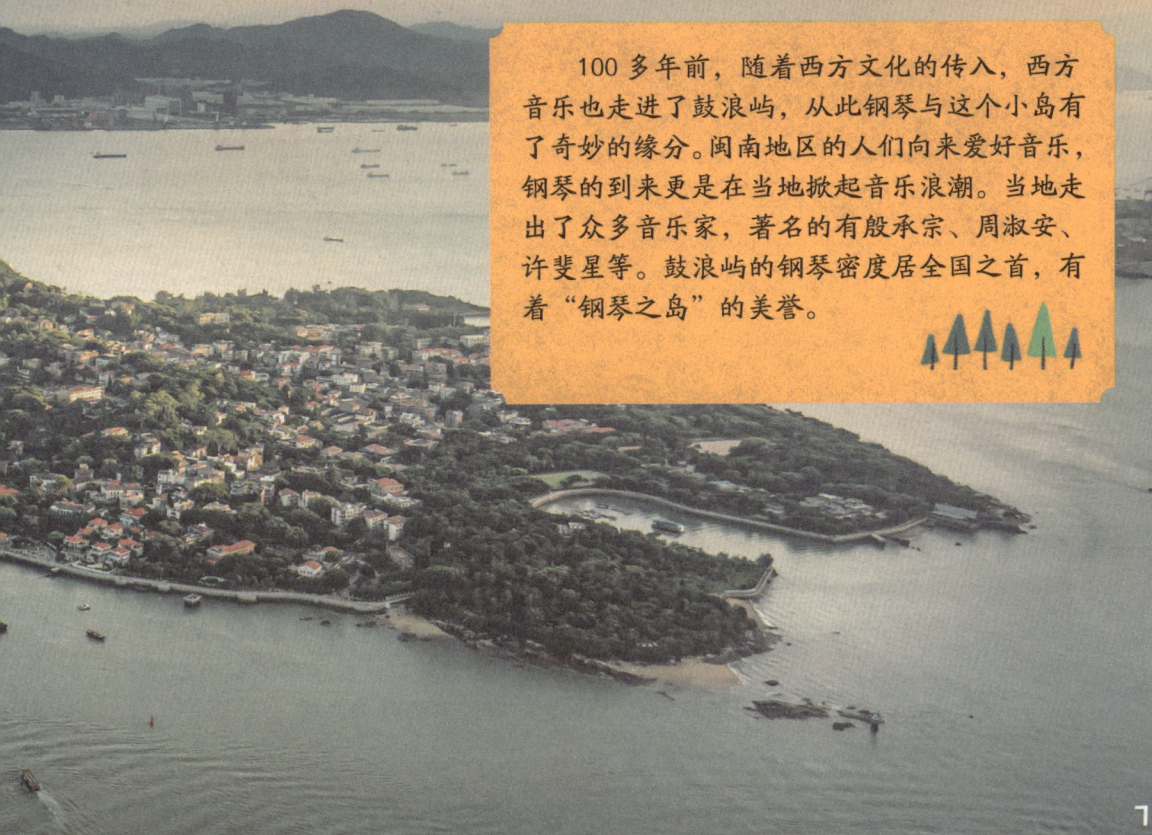

玩转遗产

金瓜楼是华侨黄赐敏的别墅，其建筑风格在鼓浪屿上极具代表性。它整体外观呈西式造型，但局部雕刻着马、蝙蝠、仙鹤、松树等中式传统图案，体现出明显的中西结合的建筑风格。因其建筑顶部的穹顶呈瓜状，在阳光照射下灿如金瓜，所以得名金瓜楼。

金瓜楼

日光岩

日光岩也被称作"晃岩"，因山麓有日光岩寺，太阳照射山石和寺庙，银光闪耀，故名日光岩。日光岩景观由日光岩和琴园两部分组成，是鼓浪屿的主要景点之一。当地有"不登日光岩，不算到厦门"的说法。

鼓浪屿钢琴博物馆位于鼓浪屿南部，于2000年建成。博物馆内陈列着爱国华侨胡友义珍藏的40多架钢琴，包括名贵的鎏金钢琴、世界上最早的四角钢琴、古老的手摇钢琴、脚踏自动演奏钢琴和有八个脚踏的古钢琴等。

鼓浪屿钢琴博物馆

遗产趣闻

100多年前，随着西方文化的传入，西方音乐也走进了鼓浪屿，从此钢琴与这个小岛有了奇妙的缘分。闽南地区的人们向来爱好音乐，钢琴的到来更是在当地掀起音乐浪潮。当地走出了众多音乐家，著名的有殷承宗、周淑安、许斐星等。鼓浪屿的钢琴密度居全国之首，有着"钢琴之岛"的美誉。

玩转遗产

玉琮

玉琮是良渚古城遗址中出土的最具代表性的玉器类型，有着内圆外方的形态特征，蕴含着古人"天圆地方"的原始宇宙观。古时，玉琮常作为人们祭祀神灵的礼器。我国造型最大、制作最精良、纹饰最美的"玉琮王"，现存于浙江省博物馆。

良渚古城遗址

良渚古城遗址以莫角山为中心，略呈长方形，总面积为290多万平方米。古城的墙体主要用黄土堆筑，黄土底部普遍铺垫石头地基，石头地基以下铺垫了一层青胶泥。良渚古城遗址是我国规模较大的史前城市遗址。有专家曾说，"一千年前看北京，三千年前看西安，五千年前看杭州良渚"。

遗产趣闻

良渚古城从发现、发掘到申遗成功历经了83年的时间，中国四代考古人的辛勤工作终于向世界证明了我们的悠久历史。良渚古城不仅是极其珍贵的有形遗产，也是一座无形的精神丰碑。

良渚古城遗址

《遗产大观》

良渚古城遗址位于浙江省杭州市余杭区，是长江下游地区首次发现的新石器时代城址。它是一座具有宫殿区、内城、外城和外围水利系统四重结构的庞大都邑，由瑶山片区、谷口高坝片区、平原低坝—山前长堤片区和城址片区四部分组成。作为世界文化遗产，良渚古城遗址为中华5000多年文明史提供了有力实证。

泉州：宋元中国的世界海洋商贸中心

玩转遗产

九日山祈风石刻

九日山位于泉州古城西北的晋江上游，是泉州最早开发的地区之一。泉州人民依靠海洋为生，人们的出海和回航都需要顺应冬、夏季风的规律。每年夏四月、冬十月，人们会在九日山下的昭惠庙向海神祈求风信顺利，以期盼航行平安，这就是古老的祈风传统。祈风典礼举行后，参与者会登上九日山观赏美景，并将祈风的经过镌刻在山中的岩壁上，这便是九日山祈风石刻。其真实地记录了宋代海洋贸易、季风的运行周期等信息。

天后宫

天后宫位于泉州古城南端，内通城区，外连海港，是外来商人和货物进入泉州城的第一站。它坐北朝南，大体呈中轴对称的院落式布局，中轴线上自南向北依次是山门、戏台、拜庭、天后殿、寝殿、梳妆楼等。

洛阳桥

洛阳桥修建于宋代，位于洛阳江入海口处，依托江中天然的中洲岛，分两段而建。其原长约1200米，历经多次重修，现存桥长700多米。为了增强洛阳桥整体的稳定性，人们在桥基上养殖了可以起加固作用的牡蛎。

遗产趣闻

泉州城北的清源山下有我国现存最大的道教石雕——老君岩造像。该造像坐北朝南，背靠清源山，面朝泉州古城，由天然巨石雕刻而成。造像秃顶，有清晰的额纹，双眼深邃，鼻梁高凸，姿态放松，将老子"崇尚自然"的思想体现得淋漓尽致。

遗产大观

泉州，古称"刺桐"，位于中国东南沿海，北依清源山，南临晋江。泉州临近的海域面积广阔，海岸线绵延500多千米，有大小港湾14个，岛屿207个。泉州是一座具有1300多年历史的港口城市。宋元时期，泉州的海洋贸易蓬勃发展，成为商贾云集、多元文化大融合的"东方第一大港"。

黄龙风景名胜区

中国的56处世界遗产　世界自然遗产

遗产大观

黄龙风景名胜区，位于四川省北部，地处岷山山脉腹地，以独特的喀斯特地貌著称于世。其主要景观集中于长约7500米的黄龙沟，沟内遍布碳酸钙华沉积，并呈梯田状排列，仿佛一条金色的巨龙蜿蜒于原始林海和石山冰峰之间。黄龙风景名胜区的核心区域点缀着大大小小3000多个五光十色的彩池，以雄、峻、奇、野的风景特色，享有"世界奇观""人间瑶池"的美誉。

遗产趣闻

黄龙地区石灰岩广布，从高处流下来的冰雪融水和从地下溢出的地下水与地表的石灰岩发生奇妙的化学反应，从而产生了矿物质沉积。再加上地势、光照等因素的影响，便形成了五彩斑斓的钙华景观。钙华至今仍在以很慢的速度生长。

遗产导览

黄龙风景名胜区

(地图标注：索道上站、望龙坪、娑罗映彩池、五彩池、黄龙洞、明镜倒映池、接仙桥、争艳彩池、莲台飞瀑、索道下站、迎宾池)

玩转遗产

五彩池

五彩池海拔3576米，池群面积为2万多平方米，是黄龙沟内最大的一组彩池群，也是当今世界上规模最大、海拔最高的露天钙华彩池群。在幽静的峡谷之中，彩池层层相连，由高到低呈梯田状排列，错落有致。大小不等、形状各异的彩池就像盛满了五彩颜料的调色板，各具特色。

黄龙中寺

黄龙中寺占地面积约500平方米，位于争艳彩池和五彩池之间，始建于明代。黄龙中寺原有七座殿宇，分别以"灵官""弥勒""天王""火神""观音"等命名，如今仅剩观音殿一座殿宇。观音殿周围红松遍布，环境十分清幽。

九寨沟风景名胜区

遗产大观

九寨沟风景名胜区位于四川省九寨沟县,地处青藏高原向四川盆地的过渡地带,这里的翠海、叠瀑、彩林、雪峰共同呈现的梦幻景观如同美丽的童话世界。它由9寨、12峰联合组成,以3沟、114海子为代表,以5滩、17瀑、11湍流、47泉为主景。水是九寨沟的"精灵",100多个海子各具特色,随着光照、季节的变化,呈现出不同的色调与水韵律动,故有"九寨归来不看水"之说。

遗产趣闻

九寨沟的得名缘于景区内的九个藏族寨子(树正寨、则查洼寨、荷叶寨、黑角寨、尖盘寨、热西寨、盘亚寨、亚拉寨、郭都寨),这九个寨子又被称为"和药九寨"。由于这九个寨子的藏族人民世代居住于此,故名"九寨沟"。

玩转遗产

五彩池

当地人把九寨沟的湖泊称为海子。五彩池海拔3010米，长100米，宽60米，深度约为6.6米，是九寨沟色彩最为斑斓的海子，人称"九寨之眼"。五彩池池水清澈，人们可以直接看到底部的岩石。

诺日朗瀑布

诺日朗瀑布宽度为320米，是我国最宽的高山钙华瀑布。夏季，随着上游来水量增加，瀑布奔流而下，水势浩大，声震山谷，溅起朵朵水花，形成一道宽阔的水幕。寒冬时节，诺日朗瀑布便成了一幅千姿百态的冰雕美景。

五花海

五花海被誉为"九寨精华"。由于湖底有各种沉积物及色彩艳丽的藻类植物，五花海形成了许多五彩斑斓的色块。到了秋天，池畔五彩缤纷的树林倒映在湖面上，与湖底的色彩混合，形成了一个异彩纷呈的彩色世界，令人惊叹不已。

遗产大观

武陵源风景名胜区位于湖南省西北部，由张家界国家森林公园、索溪峪自然保护区、天子山自然保护区和杨家界景区组成。武陵源属世界上罕见的砂岩峰林地貌，以"峰奇、谷幽、水秀、林深、洞奥"闻名于世，被视为"三千奇峰、八百秀水"之地。武陵源，美在神秘，美在天然。一块块梯田、一间间屋舍与武陵源的大山、密林浑然一体，构成一幅原始苍茫的画卷。

玩转遗产

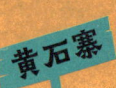
黄石寨 黄石寨位于张家界国家森林公园中部，是一块巨大的方山台地，海拔1080米，堪称武陵源最美的观景台。登上这座观景台，你会看到许多林立的石峰、石柱，有的雄伟险峻，有的挺拔秀丽。若遇云海连绵，这里的石峰、石柱就像披上了一层白纱，景象极为壮观。

乾坤柱位于张家界国家森林公园，垂直高度约150米，峰体造型奇特，就像一根巨大的擎天柱从深不可测的谷底冲天而立。每当山谷中升腾起云雾时，乾坤柱就好像悬浮在山间峡谷之中。电影《阿凡达》中悬浮山的原型就是乾坤柱。

宝峰湖是武陵源风景名胜区内唯一以水为主的景点，处于高峡之上，水深72米，因背靠宝峰山而得名。宝峰湖湖面平整如镜，颜色如同翡翠，有着"世界经典湖泊"的美称。

武陵源风景名胜区

遗产趣闻

武陵源有着众多的野生猕猴,它们有的在地上你追我赶,有的在树枝上攀爬跳跃,胆子大的还会坐在路边等待游客投喂食物,有的甚至会去抢夺游客的食物。

云南三江并流保护区

遗产大观

云南三江并流保护区位于云南省境内，由云南省丽江市、迪庆藏族自治州、怒江傈僳族自治州的9个自然保护区和10个风景名胜区组成。三江并流是指金沙江、澜沧江和怒江三条大江"并流而不交汇"的奇特自然地理景观。其中，澜沧江与金沙江的最短直线距离约为66千米，澜沧江与怒江的最短直线距离不到19千米。目前，这一区域内栖息着滇金丝猴、羚羊、雪豹、孟加拉虎、黑颈鹤等70多种国家级保护动物和秃杉、桫椤、红豆杉等30多种国家级保护植物，是世界上生物多样性最丰富的地区之一，被誉为"世界生物基因库"。

玩转遗产

梅里雪山

梅里雪山位于青藏高原东南缘的横断山脉地区，是呈南北走向的庞大雪山群。其最高峰是卡瓦格博峰，海拔高达6740米。清晨当太阳升起，阳光照射在卡瓦格博峰时，其山顶便会呈现金黄色，这就是有名的"日照金山"景观。每年10月至次年5月是观看此景的最佳时间。

丙中洛

丙中洛是一处清新脱俗的世外桃源，被誉为"人神共居的天堂"。丙中洛民风淳朴、建筑高低错落，充满着田园牧歌似的浪漫情调。它还是藏传佛教、天主教、基督教三教交融的地方，有很多寺庙和教堂。

明永冰川

明永冰川位于梅里雪山的主峰卡瓦格博峰，是世界上少有的低纬度、低海拔的现代冰川。它主要受印度洋水汽的影响，雨季时降水量较大，这使得冰川的消融和累积速度非常快，年平均运动速度甚至超过了500米。远远望去，白色的冰川、灰色的山体和青翠的山林，就像一幅天然形成的水墨画。

遗产趣闻

滇金丝猴活跃在澜沧江和金沙江之间的狭小区域，以松萝、苔藓、植物嫩芽等为食，是我国的特有物种。滇金丝猴的嘴唇呈红色，脸部有笑肌和哭肌，有着与人类较为相似的面部特征。

中国的56处世界遗产 世界自然遗产

玩转遗产

新金顶

新金顶孤峰高耸,直刺云天,因清晨时分有时会有红云缭绕,故又名红云金顶。站在新金顶上面,你可以全方位地欣赏梵净山的旷世奇景。新金顶上的裂缝是金刀峡,它将金顶一分为二,两边有两座寺庙,分别供奉着释迦佛和弥勒佛。

老金顶

老金顶海拔近2500米,古称"月镜山"。传说在风清月白之夜,人们在这里取一面石板,就可以照出自己的影像。经过大自然亿万年的风雨侵蚀,老金顶上形成了众多千奇百怪的石崖。人们将这里称为"奇石大观园"。

蘑菇石

蘑菇石是梵净山的标志,远远看上去像层层叠叠的书摆在一起。它由两块石头组成,上大下小,形似蘑菇,故名蘑菇石。蘑菇石上的"万卷书"排布规律,让人不得不惊叹大自然的鬼斧神工。

遗产趣闻

黔金丝猴是中国特有物种,数量极少,它们只生活在梵净山,被誉为"地球的独生子"。它们生性机敏,对异常的声音非常敏感,觉察到有危险时就会立刻逃走。黔金丝猴坐着的时候尾巴会自然下垂,不时会轻轻摆动;攀爬起来时,它们会用单臂抓住树枝,一次可飞跃2~3米。

梵净山

《遗产大观》

梵净山位于贵州省铜仁市，是武陵山脉的主峰。它拥有丰富的野生动植物资源，是比大熊猫还稀有的黔金丝猴的唯一栖息地，被誉为"生态王国""生物资源基因库"。大自然的神奇力量，造就了梵净山令人神往的自然风光。同时，梵净山也是中国西南地区的佛教名山，著名的景点有新金顶、蘑菇石、老金顶、承恩寺、万米睡佛等。

四川大熊猫栖息地

〈 遗产大观 〉

四川大熊猫栖息地由世界第一只大熊猫发现地——宝兴县和卧龙自然保护区、青城山—都江堰风景名胜区等十余个片区组成，面积为9000多平方千米。该地区目前生活了全世界30%以上的野生大熊猫，是全球最大、最完整的大熊猫栖息地，也是小熊猫、金丝猴、雪豹等濒危物种栖息的乐园。这里是全世界生物多样性最丰富的区域之一。

〈 玩转遗产 〉

大熊猫"食谱"

我们都知道大熊猫爱吃各种各样的竹子，包括冷箭竹、白夹竹、拐棍竹、巴山木竹、苦竹、八月竹等，这些竹子分布的位置从海拔700米到3500米不等。此外，大熊猫的"食谱"还随山系和季节的变化而变化，在不同山上它们吃的主食也不一样。它们会选择不同种类竹子的不同部分进食，一般偏爱竹笋。

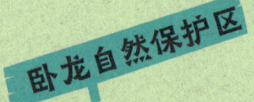

卧龙自然保护区内气候湿润，适合多种竹子的生长，为大熊猫提供了适宜的生存环境和食物来源。20世纪80年代，我国相关专家就是在这里开始对大熊猫进行系统研究的。

大熊猫"留洋"

大熊猫是我国独有的物种，不仅受到我国人民的喜爱，外国朋友也对其青睐有加。如有的国家会从我国租借大熊猫进行国际交流，但是这需要满足一定的条件，包括有足够的喂养能力，每年交纳足够的租金，等等。

遗产趣闻

野生大熊猫有着较强的生存能力，它们不仅需要寻找竹子或者其他食物，还需要躲避天敌和自然灾害的威胁等。人工饲养的大熊猫与野生大熊猫相比，生存能力要差很多，要依赖人们的精心照顾才能顺利长大。

中国南方喀斯特

遗产大观

中国南方喀斯特主要分布在云南省、贵州省、重庆市、广西壮族自治区等省级行政区域，由云南石林、贵州荔波、重庆武隆、广西桂林、贵州施秉、重庆金佛山、广西环江等区域组成。中国南方喀斯特集中了中国最具代表性的喀斯特地形、地貌景观，占中国喀斯特地貌总面积的55％。其中，云南石林被誉为"天下第一奇观""世界喀斯特的精华"，贵州荔波曾入选"中国最美的地方""中国最美十大森林"，广西桂林山水被誉为"桂林山水甲天下"。

玩转遗产

云南石林 云南石林地处云南省石林彝族自治县境内，保存和展现了多样化的喀斯特地貌形态。这里有高大的剑状、柱状、蘑菇状、塔状等石灰岩柱和溶丘、洼地、漏斗、暗河等，几乎集中了世界上所有的喀斯特地貌形态，构成了一幅喀斯特地质、地貌全景图。云南石林主要包括大、小石林景区，黑松岩风景区，长湖风景区，芝云洞风景区等。

象鼻山位于广西壮族自治区桂林市的漓江和桃花江的汇流处，因外形像一头鼻子深入水中饮水的巨象而得名。象鼻山的风景优美，自古以来就是旅游胜地，是桂林旅游的标志。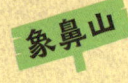

重庆武隆 武隆喀斯特地貌位于重庆市东南部，地处武陵山和大娄山之间，是一个以芙蓉洞、天生三桥和后坪天坑群为代表的喀斯特景观区。重庆武隆集山、水、洞、泉、林、峡于一体，集雄、奇、险、秀、幽、绝于一身，有着非常重要的科研价值和观赏价值。

遗产趣闻

水月洞位于象鼻山的"象鼻"和"象腿"之间。每当月明风清、水平如镜的夜晚,水月洞如同浮在江面上的一轮明月,形成"象山水月"的奇景。在某次"全国最美赏月地"的评选活动中,"象山水月"曾一举击败杭州西湖、北京故宫、甘肃敦煌等众多赏月点,获得"最美赏月地"的称号。

遗产趣闻

三清山山高谷深,林木繁茂,因而湿度大、水汽多,每当大雨过后,常有云雾出现。云雾缭绕的三清山呈现出一片朦胧之感,正契合了它道教名山的名气。山上有数量众多的道教建筑,为三清山增加了独特的魅力。

三清山

遗产大观

三清山位于江西省上饶市东北部,山上奇峰怪石林立,深谷幽壑密布,形态各异的花岗岩与丰富的植被、远近变化的景观相结合,呈现出引人入胜的自然美。同时,三清山也是一座道教名山,人文底蕴深厚,道教历史遗迹丰富,被誉为"中国古代道教建筑的露天博物馆"。

玩转遗产

女神峰是三清山的标志性景观之一,高80多米。其造型婀娜多姿,就像低头沉思的少女,与三清山其他的尖峰相比,显得格外妩媚和沉静。

三清山上有一座巨型花岗岩石柱,上边有众多裂痕,虽经过亿万年的风吹雨打却依然屹立不倒。其海拔1200多米,顶部扁平,颈部稍细,最细的地方只有7米。整个石柱的形状非常有特色,像一条巨蟒破山而出,故而得名"巨蟒出山"。

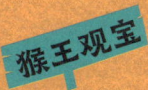

猴王观宝景观位于三清山西海岸景区的西北部。它高约7米,远看很像猴王端坐在悬崖之上,凝视着手中的宝物。传说孙悟空护送唐僧取经归来后,来三清山参见太上老君,得到了一座洞府和一颗灵珠。猴王在洞府前的"妙高台"上手捧灵珠修炼法术,天长日久,留下了猴王法相化身。这就是"猴王观宝"的由来。

中国丹霞

遗产大观

中国丹霞是中国境内红色砂岩和砾岩经过漫长的风化剥蚀和流水侵蚀等作用而形成的孤峰、赤峰、奇岩等独特的地貌景观的统称。中国丹霞由广东丹霞山、浙江江郎山、江西龙虎山、福建泰宁、湖南崀山、贵州赤水6处代表性丹霞地貌组成。这些区域普遍发育红色悬崖、高大岩柱、沟壑、峡谷等侵蚀地貌，极具美学价值。此外，中国丹霞还是反映地球大陆地壳中生代以来演化特征的杰出范例，也是栖息着众多珍稀动物的重要区域。

遗产趣闻

三爿石是浙江江郎山的主峰，由郎峰、亚峰、灵峰三块巨石组成，三块巨石之间的岩壁仿佛刀砍斧劈而成，不得不让人感叹大自然的鬼斧神工。亚峰和灵峰之间的小道长298米，最宽处仅3.5米，有"全国一线天之最"之称。这里还有一种奇特的现象，每当雨后的太阳升至一天中最高处时，阳光会不偏不倚地照进这条狭小的裂缝中，形成独特的美景——"天降垂帘"。

玩转遗产

丹霞山

丹霞山位于广东省韶关市仁化县，是世界上发育最典型、类型最齐全、造型最丰富的丹霞地貌集中区。丹霞山以奇、秀、险著称，最高峰海拔408米，是广东四大名山之一，有锦石岩、海山门、一线天、紫玉台、天然峰等景点。

崀山

湖南崀山地质结构奇特，山、水、林、洞要素齐全，发育了典型的丹霞地貌，被人们称为"中国丹霞之魂"。著名的"崀山六绝"分别为"天下第一巷""鲸鱼闹海""将军石""骆驼峰""天生桥"和"辣椒峰"。

泰宁丹霞

泰宁丹霞以幽深的峡谷、神奇的洞穴、灵秀的山水和原始的生态为特色，拥有"水上丹霞""峡谷大观园"和"洞穴博物馆"三大奇观。泰宁丹霞以典型青年期丹霞地貌为主体，同时拥有火山岩、花岗岩、构造地貌等多种地质遗迹。

澄江化石遗址

遗产大观

　　澄江化石遗址位于云南省澄江市的帽天山上，1984年由古生物学家侯先光发现。澄江化石遗址是世界上发现的分布最集中、保存最完整、种类最丰富的寒武纪早期化石遗迹，被誉为"古生物圣地""古生物化石模式标本产地"和"20世纪最惊人的发现之一"。2012年，作为研究地球生命演化历史的杰出范例，澄江化石遗址被列入《世界遗产名录》，填补了中国没有古生物化石类自然遗产的空白。

遗产趣闻

1984年夏天，刚刚从中国科学院南京地质古生物研究所毕业的侯先光来到帽天山，想寻找曾生存于寒武纪的高肌虫化石。但是一个多星期过去了，他仍然没有收获。不过，机遇总是留给有准备的人。7月1日这一天，他突然发现了一块从没见过的椭圆形化石，劈开后发现是一只被外国人命名为纳罗虫的化石，随后又发现了节肢动物、水母、蠕虫等几种化石。经过后续几年的深入研究，侯先光所在的研究所向世界宣布发现了澄江动物化石群这一震惊世人的消息。

玩转遗产

澄江化石遗址

自1984年以来，专家在澄江化石遗址已发掘出20个门类、280余种寒武纪珍稀动植物化石。几乎所有现生动物门类的祖先都能在这里找到。澄江化石遗址是亚洲唯一的化石类世界自然遗产，为古生物学的研究打开了一扇窗口。

澄江动物化石群

澄江动物化石群包括多孔动物、刺胞动物、中华先光海葵、线形动物、星虫动物、环节动物、软体动物、叶足动物、节肢动物、腕足动物、脊索动物等。这些远古时代的动物化石造型奇特，形态各异，对研究生物的演化有着非常重要的意义。

新疆天山

遗产大观

新疆天山指中国境内的天山山脉东段,其长度约 1760 千米,占天山山脉总长度的三分之二以上,横贯新疆全境,是"新疆地理的独特标志"。新疆天山世界遗产包括托木尔、喀拉峻—库尔德宁、巴音布鲁克、博格达 4 个片区。这里炎热与寒冷、干旱与湿润、荒凉与秀美、壮观与精致奇妙地交织在一起,展现出与众不同的自然美。这里也是众多濒危物种的栖息地。

遗产趣闻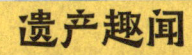

新疆牧区是我国的四大牧区之一,有着独特的高山牧场。勤劳聪慧的牧民随着季节的变化会在一定区域内进行转场放牧。夏季牧民多在水草丰美、温度稍高的山上放牧;冬季气候寒冷,牧民多在避风的山谷放牧。

玩转遗产

博格达峰 博格达峰高大险峻,海拔5445米。其峰顶有终年不化的冰川积雪,远远望去,银光闪烁,与低处的天池相映成趣,构成高山平湖的优美景色。博格达峰被当地人奉为"神山""祖峰"。

天山天池位于天山山脉东段的最高峰——博格达峰的山腰,是一个以高山湖泊为中心的自然风景区。天池的湖面呈半月形,最宽处约1500米,有"天山明珠"的美誉。 **天山天池**

巴音布鲁克草原 巴音布鲁克草原是我国的第二大草原,位于天山山脉中部偏东的山间盆地,面积为2万多平方千米。这里是雪山环抱的世外桃源,有"九曲十八弯"的开都河,也有优雅迷人的天鹅湖。

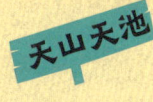

湖北神农架

中国的56处世界遗产 　世界自然遗产

遗产大观

　　神农架位于湖北省西北部，经历了十几亿年漫长的地质演变，终于在3000万年前变成了今天的模样。它地处亚热带向温带过渡的区域，为3000多种植物、1000多种动物提供了得天独厚的栖息环境。2016年，湖北神农架被列入《世界遗产名录》，成为中国第一个获得联合国教科文组织人与生物圈保护区、世界地质公园、世界遗产三大保护制度共同录入的"三冠王"名录遗产地。2021年7月28日，重庆五里坡国家级自然保护区正式成为湖北神农架世界自然遗产的组成部分。

玩转遗产

神农坛

神农坛是神农架的南大门，是以神农文化和神农精神为主题的景区。其核心部分是建在中轴线上的神农祭坛，该祭坛分天坛和地坛。神农塑像位于天坛的顶部，它以大地作为身躯，高21米，宽35米。

大九湖

大九湖被誉为"高山平原"，有湖北"呼伦贝尔"和"神农江南"之称。相传神农氏为了救死扶伤，遍尝百草，在此地支起了九口大锅熬药，后来这九口大锅幻化为九个大小不等的湖泊，因此得名大九湖。

川金丝猴

川金丝猴鼻孔上仰，颜面呈天蓝色，嘴唇较厚，又被人称为仰鼻猴、蓝面猴，常聚族而居。川金丝猴的雌雄个体差异较大，很容易分辨。雄猴除了有金色"披肩"外，个头也要大很多，同时也更强壮。

遗产趣闻

2021年7月28日，在第44届世界遗产大会上，重庆五里坡国家级自然保护区正式成为湖北神农架世界自然遗产的组成部分。这将增加湖北神农架重要物种种群的数量，为野生动物提供额外的栖息地和生物廊道。同时，这也有利于打通神农架向西延伸的通道，对重庆东部、湖北西部动物"迁徙通道"的保护产生深远的影响。

青海可可西里

玩转遗产

藏羚羊也被称为"藏羚",常常生活在海拔4000～5000米的高原地带,是一种群居动物,有着集群迁徙的习惯。它们胆子较小,常隐藏于岩洞之中。藏羚羊有着保暖性极好、柔软性极佳的绒毛,这导致其被大量猎杀,数量曾急剧下降。近年来,随着可可西里生态保护力度的加大,藏羚羊的数量有所恢复。 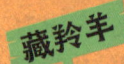 藏羚羊

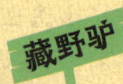 藏野驴 藏野驴生活在高寒荒漠地带,是所有野生驴中体型最大的一种,外形与蒙古野驴相似。它们擅长奔跑,警惕性高,喜欢吃茅草、苔草和蒿类植物等,主要分布于中国西部、尼泊尔、巴基斯坦和印度北部。

野牦牛体形很大,体长在2～2.6米,体重为500～600千克,其身上有又厚又重的长毛。野牦牛的舌头上长满了密密麻麻的刺,这些刺不仅可以帮助其啃食牧草,还可以作为武器保护自己。 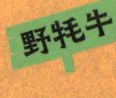 野牦牛

中国的56处世界遗产　世界自然遗产

遗产大观

青海可可西里位于青藏高原腹地,面积达4.5万平方千米,平均海拔超过4500米。它对人类而言是极为荒凉的"生命禁地",对野生动物来说,则是"天堂"。这里栖息着230多种野生动物,包括藏羚羊、野牦牛、藏野驴等,是中国面积最大、海拔最高、野生动物资源最丰富的自然保护区。

遗产趣闻

藏羚羊迁徙是世界范围内规模较大的有蹄类动物大迁徙之一。藏羚羊在每年11—12月交配,次年5月开始,怀孕的母羊会跋涉数百千米乃至上千千米,到青海西部的卓乃湖、可可西里湖和太阳湖等地产崽。7—8月产崽结束后,母羊又会带着小藏羚羊返回栖息地。人们在藏羚羊迁徙之路的特定区域建设了动物通道,用于保护这些可爱的高原精灵。

中国黄（渓）海候鸟栖息地（第一期）

玩转遗产

大丰麋鹿保护区

大丰麋鹿保护区地处亚热带和暖温带的过渡地带，是一处有着大面积的滩涂和沼泽的滨海湿地。其占地面积近27平方千米，是世界上占地面积最大的麋鹿自然保护区，拥有世界上最大的野生麋鹿种群。

勺嘴鹬

勺嘴鹬被誉为"鸟中大熊猫"，体长14~16厘米，圆头短腿，憨态可掬，因嘴型像一把小勺子，被鸟类爱好者亲切地称为自带"饭勺"的小鸟。它的分布区域极为有限，仅在少数冻土层地带进行繁殖，在我国东南沿海、东南亚和南亚的沿海湿地过冬。

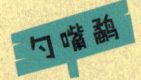

东台条子泥

东台条子泥位于江苏省中部，是世界上面积最大的辐射沙脊群，因其港汊形似条状而得名。它为勺嘴鹬、小青脚鹬、卷羽鹈鹕、黑嘴鸥、大滨鹬、黑脸琵鹭、东方白鹳等百余种国家重点保护野生动物提供了理想的栖息环境。

遗产趣闻

在全世界1000多只野生迁徙丹顶鹤中，有一半多的丹顶鹤会选择在江苏盐城湿地珍禽国家级自然保护区过冬。丹顶鹤鸣叫时可以发出较大的声音。专家说，这跟其特殊的发音器官有关。丹顶鹤的气管很长，鸣叫时会产生强烈的共鸣，声音可以传播很远。

遗产大观

中国黄（渤）海候鸟栖息地（第一期）位于江苏省盐城市，是由潮间带滩涂和其他滨海湿地组成的大型候鸟栖息地，包括盐城湿地珍禽国家级自然保护区部分区域、大丰麋鹿国家级自然保护区全境、盐城条子泥市级湿地公园、东台市条子泥湿地保护小区和东台市高泥淤泥质海滩湿地保护小区。它是中国首处滨海湿地类自然遗产，是数百万往来于东亚和大洋洲之间的迁徙候鸟的停歇地、换羽地和越冬地。

泰山

〈遗产大观〉

泰山位于山东省中部,古称岱山、岱宗,有"五岳之首""天下第一山"之称。它是中国古代帝王举行封禅祭拜活动的重要场所,保存有许多古建筑群和碑碣石刻。泰山有着众多的自然奇观,其中以泰山日出、云海玉盘、晚霞夕照、黄河金带最为有名。

中国的56处世界遗产

世界文化与自然双重遗产

遗产趣闻

泰山上散布着许多形状各异、造型独特的石头，以中天门坊旁边的阜虎石为典型代表。它形似一只蹲伏的老虎，昂首东北、盘尾西南，雄踞在路旁。其旁边刻有一个大大的"虎"字，格外引人注目。

玩转遗产

岱庙　岱庙，又名东岳庙、泰岳庙、岱岳庙，俗称泰庙，是古代帝王来泰山封禅告祭时居住和举行大典的地方，这里保存了历代帝王举行典礼所用的祭器、供品和工艺品。岱庙内碑碣林立，有极为珍贵的历代碑刻184块、汉画像石48块，是我国继西安、曲阜之后的第三大碑林。

十八盘　十八盘是泰山登山路线中最险要的一段，旧称云门，垂直高度为400多米，共有1600多级台阶。十八盘在汉代时被称为环道，唐代时始成今盘道雏形。后来经过历朝历代的多次整修，它才成为现在的样子。

南天门　南天门，古称三天门、天门关，海拔1460米，是泰山的标志之一。其坐北朝南，是一座城楼式建筑，坐落在飞龙岩与翔凤岭之间的低坳处，双峰夹峙，仿佛天门自开。南天门两侧有楹联曰："门辟九霄仰步三天胜迹，阶崇万级俯临千嶂奇观。"

遗产导览

中国的56处世界遗产 — 世界文化与自然双重遗产

玩转遗产

迎客松

迎客松位于黄山玉屏峰的左侧，倚青狮石破石而生，树高10.2米，胸径约70厘米，是黄山的标志性景观。其侧枝横空斜出，似展臂迎客，姿态苍劲，令人叫绝，被誉为"天下第一松"。

莲花峰

莲花峰是黄山的主峰，海拔1864.8米。因主峰突兀，小峰簇拥，宛若新莲初开，仰天怒放，故名莲花峰。其风景秀美，峰壁间有"真好造化""天海奇观"等摩崖石刻，峰上有飞龙、双龙等奇松。

猴子观海

在黄山狮子峰以南的平坦山顶上有一块奇石。远远望去，就像一只猴子蹲坐在那里，遥望着远处变幻莫测的云海。这就是人们常说的"猴子观海"。

黄山

遗产大观

黄山，古称黟山，位于安徽省黄山市境内，有着"人间仙境""天下第一奇山"的美誉。其代表性景观有"五绝三瀑"，"五绝"为奇松、怪石、云海、温泉、冬雪；"三瀑"为人字瀑、百丈泉、九龙瀑。作为世界文化与自然双重遗产，黄山保存了众多的古建筑、古蹬道、摩崖石刻等；同时，黄山以其绝美的自然风光享誉世界。

遗产趣闻

据统计，黄山一年中有250多天云海翻腾，雾气弥漫，号称"云雾之乡"。黄山云雾中最奇特的"铺海之云"，就是被人们称为黄山五绝之一的云海。黄山云海主要出现在9月至次年5月，其中，冬季出现频次最多。

峨眉山—乐山大佛

中国的56处世界遗产　世界文化与自然双重遗产

《 遗产大观 》

　　峨眉山位于四川省峨眉山市西南部，以自然风光和佛国仙山闻名中外，有着"峨眉天下秀"的美誉。它是"中国四大佛教名山"之一，有着深厚的文化底蕴。同时，峨眉山地处世界生物区系的过渡地带，拥有丰富的动植物资源，生态环境良好。乐山大佛位于四川省乐山市城东，地处岷江、大渡河和青衣江汇流之处的凌云山栖鸾峰西壁，是世界上现存最高的古代佛像。

玩转遗产

金顶金佛 金顶金佛总重量达660吨，高48米，由台座和十方普贤像组成。它设计完美，制作工艺精良，是我国铜铸大佛中的经典之作，有着很高的宗教文化价值和审美价值。

报国寺 报国寺位于峨眉山脚下，是峨眉山修建时间最早的一座寺庙，也是游客进入峨眉山的门户。匾额上"报国寺"三个字是清代康熙皇帝御题。寺内有依山而建、逐级升高的四座殿宇——弥勒殿、大雄殿、七佛殿和普贤殿。

乐山大佛 乐山大佛依山势而建，坐东朝西，高71米，与凌云山齐平。其有着明显的唐代艺术风格。整座佛像与山体有机结合，构成"山是一尊佛，佛是一座山"的壮观景象。

遗产趣闻

峨眉灵猴，学名藏猕猴，又叫短尾猴，是峨眉山的"山大王"。进入峨眉山猴区，带有塑料袋或者背包的游人，很容易成为猴子的袭击目标。它们会非常"娴熟"地搜刮游人的塑料袋和背包来寻找食物。

武夷山

中国的56处世界遗产

世界文化与自然双重遗产

《 遗产趣闻 》

武夷山自古就是中国重要的产茶区，产茶的历史可以追溯到唐代。这里的茶树大多生长于岩壁涧壑之间，四周以山峦树木作为屏障，日照时间短，大风天气较少。久负盛名的武夷茶王——"大红袍"就生长在九龙窠的悬崖峭壁上。

玩转遗产

九曲溪发源于武夷山西部，全长62.8千米。其两岸是典型的丹霞地貌，峰岩交错，溪流纵横，九曲溪贯穿其中，山挟水转，水绕山行。游人乘上古朴的竹筏，便可顺着弯弯曲曲的九曲溪一路而下，尽览武夷山的旖旎风光。

古汉城遗址位于武夷山市兴田镇，平面呈不规则的长方形，占地面积达48万平方米，是在我国南方地区发现的面积最大、保存最完好的汉代城址。

天游峰海拔400多米，是一条由北向南延伸的岩脊，东接仙游岩，西连仙掌峰。游人站在天游峰中心的一览台，可以观赏到"天游五绝"——日出、云雾、佛光、夕阳、明月。峰顶胡麻涧旁的石壁上，有近百处历代摩崖石刻。

遗产大观

武夷山世界文化与自然双重遗产位于福建省和江西省交界处，属典型的丹霞地貌区，由武夷山风景名胜区、武夷山自然保护区、武夷山古汉城遗址和九曲溪上游保护地带四部分组成，有着"碧水丹山""奇秀甲东南"的美誉。武夷山是众多珍稀动植物的栖息地。同时，它的文化遗存也非常丰富，有公元前1世纪的古汉城遗址、宋代思想家朱熹开展学术活动的书院遗址和世界上已知最古老的悬棺——架壑船棺等。此外，这里还是茶叶的王国，深山峡谷间出产了众多名茶。